岁月的维度

Dimension of Years

于 勇◎著

中国经济出版社
CHINA ECONOMIC PUBLISHING HOUSE
·北京·

图书在版编目（CIP）数据

岁月的维度 / 于勇著. -- 北京：中国经济出版社，
2022.12

ISBN 978 - 7 - 5136 - 7205 - 4

Ⅰ. ①岁… Ⅱ. ①于… Ⅲ. ①钢铁工业 - 工业发展 -
研究 - 中国 Ⅳ. ① F426.31

中国版本图书馆 CIP 数据核字（2022）第 253806 号

责任编辑　姜　静　王西琨
责任印制　马小宾
封面设计　任燕飞装帧设计工作室

出版发行　中国经济出版社
印 刷 者　北京富泰印刷有限责任公司
经 销 者　各地新华书店
开　　本　710mm × 1000mm　1/16
印　　张　14.25
字　　数　158 千字
版　　次　2022 年 12 月第 1 版
印　　次　2022 年 12 月第 1 次
定　　价　68.00 元
广告经营许可证　京西工商广字第 8179 号

中国经济出版社　**网址** www. economyph. com　**社址** 北京市东城区安定门外大街 58 号　**邮编** 100011
本版图书如存在印装质量问题，请与本社销售中心联系调换（联系电话：010-57512564）

序

从炉火熊熊的炼铁平台一路走来，经历着世界钢铁工业工艺优化、技术升级、产品高端的更新迭代，见证着中国钢铁工业由小到大、由弱到强的嬗变成长，实践着河钢集团迈向最具竞争力钢铁企业的奋斗愿景，我始终都觉得自己是幸运的。

和一代又一代的中国钢铁人一样，钢铁对我们的感召、鼓舞、激励和回馈，我们对钢铁的向往、依恋、倾注和热望，都是真挚而浓烈、深厚而赤诚的。钢铁与我们钢铁人，我们钢铁人与钢铁，彼此眷顾、彼此垂爱、彼此陪伴、彼此成就，以一往无前的勇气和百炼成钢的坚毅，携手走到了世界舞台的中央。

将一生托付给钢铁事业，是一种值得，是一种骄傲，更是一种荣耀——文明演进离不开钢铁，国家强盛离不开钢铁，经济腾飞离不开钢铁，幸福生活离不开钢铁……人类文明绽放到哪里，钢铁的支撑力量就延伸到哪里。

从事钢铁工作 30 多年，犹如钢铁已经融入整个世界一样，我的事业、我的追求也早已同钢铁融为一体，从未分割。与钢铁相伴的每一天，我都在不停思考、不停探寻，钢铁给我们带来了什么？我们能赋予钢铁怎样的力量？未来的钢铁将走向何方？

或因感性而心潮澎湃，或因理性而思悟洞见，《岁月的维度》在这样的场景下诞生了。用钢铁人的视角去认知钢铁、品读钢铁，用亲历者的情愫与钢铁对话、为钢铁注解，流淌在金色岁月中的钢铁，始终是这样亲切而生动的存在。

钢铁是伟大而有内涵的。“每一块钢铁里，都隐藏着一个国家兴衰的秘密。”纵观世界现代钢铁工业走过的 160 多年发展历程，作为不同时期全球钢铁第一大生产国的英国、美国，先后带来了重大的技术革命，让世界钢铁工业实现了指数级的增长，走上了现代化发展的道路。钢铁工业的发展，不仅推动了第一钢铁生产国经济的快速前进，还把现代钢铁技术、工艺和理论不断推向新的高度，在人类文明进化史、世界经济发展史上留下了深深的印记。钢铁工业当之无愧成为一个国家强盛的标志。如今，人类正迎来第四次工业革命，世界钢铁工业发展中心几经转移，正式进入“中国时代”。

钢铁是坚强而有情怀的。“钢铁是现代文明的基础，人国制造的根基。”自 1996 年钢产量突破 1 亿吨，成为世界第一大产钢国，中国已经连续 26 年稳居世界最大钢铁生产国和消费国之位。在中华民族伟大复兴的历史进程中，中国钢铁人胸怀“钢铁报国”的初心使命，用“钢筋铁骨”支持中国走出了一条中国特色新型工业化发展道路，中国钢铁工业成为我国最早建成的最完整的工业体系。特别是党的十八大以来，中国钢铁工业顺应供给侧结构性改革的时代洪流，依托科技进步的强劲推动和致力于资源环境友好的崇高追求，不仅在结构、质量与效率方面实现了质的飞跃，更是在节能减排、绿色低碳、智能制造等方面引领了世界潮流，书写了世界钢铁史上辉煌壮丽的篇章。

钢铁是自信而有担当的。习近平总书记在党的二十大报告中指出：“没有坚实的物质技术基础，就不可能全面建成社会主义现代化强国。”钢铁承载着中国经济大厦脊梁和强大身躯骨骼的重要属性，是推进新型工业化，推动制造业高端化、智能化、绿色化发展的重要力量。在中国由钢铁大国迈向钢铁强国的进程中，作为中国钢铁工业的“国家队”，河钢牢记“国之大者”，坚持科技是第一生产力、人才是第一资源、创新是第一动力，在谋划推进中国式现代化的国企担当中找准定位、抢抓机遇，自信自强、勇毅前行，持续提升企业核心竞争力，向世界展现中国制造业的实力和中国钢铁人的魅力，为世界钢铁工业发展烙上“河钢印记”。

钢铁是智慧而有灵气的。随着中国经济由高速增长阶段转向高质量发展阶段，中国制造业发展也从宏观向微观转变。今天的钢铁被赋予了更丰富的内涵，虽然 Fe 符号没有变化，但已经汇聚了现代社会中金融、科技、创新等最活跃的元素，在更多元化、更深层次的领域得到了广泛应用。在万物互联的物联网、5G 时代，作为世界最大的钢铁材料制造和综合服务商之一，河钢理性应对数字技术和材料技术快速发展带来的挑战和机遇，充分展现大国钢铁的责任与担当，把握世界钢铁发展趋势，以数字化、智能化手段实现技术引领，在推动智能制造、材料创新、绿色低碳发展中贡献“河钢力量”，彰显“河钢智慧”。

钢铁是开放而有生命的。经济全球化是当代世界经济的重要特征和客观趋势，带动着钢铁产业全球化的发展方向。在全球化进程中，河钢始终坚持与国家战略同向同行，按照“全球拥有资源、全球拥有市场、全球拥有客户”的发展定位，把企业自身的成长性和持续发展的生命力作为培育竞争力的重要手段，致力于打造全球最具竞争力的钢铁企业。从河北到全国、从中国到世界，河钢的商业网络已经遍及全球 120 多个国家和地区，成为参与“一带一路”建设的重要力量，“世界的河钢”正在走向梦想的未来。

年华不负钢铁，钢铁褒奖奋斗。与钢铁相知相许三十余载，自豪于钢铁为文明进步、经济发展和国家强盛作出的巨大贡献；与河钢风雨兼程、一路同行，欣喜于河钢从大起来、强起来到品牌亮起来的攀登成长。作为一个将热爱镌刻在骨子里的钢铁人，在制造精品、致胜市场的淬炼中，我坚定了责任与追求、激情与自信，在河钢的大舞台上收获了事业的光芒和人生的喜悦。

“一切领导力本质上都是信仰的实践。”做企业如同做人，认知决定了视野和层次。我常说，“理念的领先优于资源的领先”，奋进的河钢正在以“在行中知、在知中行”的发展实践印证着理念的领先。也正是如此，河钢人拥有了放眼世界的格局和胸怀、先人一步的胆识和魄力、矢志向前的自信与勇毅，塑造了今日的河钢气质、河钢情怀和河钢担当。

让中国因为钢铁更强大，让世界因为钢铁更美好——这是中国钢铁人永远追求并始终发展的事业。未来的钢铁工业，汇聚了世界最先进的技术力量和最丰富的创新元素，加速向“绿色、智慧、全球化”迈进，将成为支撑和推动未来社会可持续发展的必要一环。

“而今迈步从头越！”当世界钢铁进入“中国时代”，在引领世界钢铁创新突破的时期，我们能为世界钢铁工业贡献什么？当我们不再是钢铁发展中心时，我们能为世界钢铁工业留下什么？

翻开《岁月的维度》，你会看到一个钢铁人对钢铁的真诚告白，一名河钢人对河钢的理性剖析。在这里，你或许可以找出一些线索、启发，甚至答案。

2022 年 10 月

目录

04

第四章
华丽转身：由大起来、强起来到品牌亮起来

05

第五章
世界河钢：以更加开放的姿态拥抱世界

第一章

初心使命：矢志钢铁报国

【在注重经济发展的和平时期，一个国家的形象和实力，是靠经济实力来体现的。在此过程中，国有大型企业理应发挥重要作用。】

历史上没有最终的成功，也没有致命的失败，最可贵的是继续向前的勇气。

如若万事俱备，我等价值何在。

怀着激情，带着专注，自信地走向社会，就是成功者。

第一节 『钢铁产业是国家实力的象征』

■ 一个国家的钢铁产业是国家实力的象征，钢铁产业的兴衰，浓缩了一个国家的兴衰。

■ 成为习近平新时代中国特色社会主义思想的坚定信仰者和忠诚实践者，是河钢最高的政治站位和最远大的理想抱负。

■ 河钢有责任做好自身的工作，为国家发展、民族昌盛作出应有的贡献，让共和国的骨骼因为钢铁更刚强、更坚硬。

（一）
钢铁行业是中国经济发展的支柱

“任何一个经济体的发展，都与钢铁产业的强势发展紧密联系。”

钢铁是世界上应用范围最广、循环利用率最高、生产生活中不可或缺的金属材料。在人类近代文明史上，钢铁工业是一个国家强盛的标志，对人类文明和社会进步、国家经济社会发展发挥了不可替代的重要支撑作用。

在世界近代工业发展历程中，钢铁是这个星球斑驳陆离文明的重要支撑。一个国家在工业化进程中，钢铁几乎决定了这个国家的实力和国力。从公元 19 世纪中叶英国发明家亨利·贝塞麦（Henry Bessemer）发明现代炼钢工艺，到人类先后进入工业发展的电气时代，钢铁逐步渗透到人类生活的方方面面，在整个人类工业化、城市化进程中发挥了不可或缺的关键作用。现代钢铁工业历经 160 多年的发展，从欧洲、北美到亚洲，世界钢铁生产和消费重心几经转移，迎来“中国时代”。

钢铁工业是中国经济大厦的脊梁，也是中国强大身躯的骨骼。中国成为世界第二大经济体，用 70 多年的发展横跨了西方工业国家 200 多年的发展史，取得的巨大成就让我们深刻感受到中华民族的伟大。更让我们引以为傲的是，共和国的“经济大厦”是中国钢铁人用“钢铁骨骼”来支撑的。

新中国成立伊始，国家就高度重视钢铁工业，中国钢铁工业是我国最早建成的最完整的工业体系，同时也支撑我国工业体系和经济体系的建立。从新中国成立时钢铁产能短缺，到现在中国钢铁工业发展水平领先世界，特别是改革开放以来，中国钢铁工业以“钢铁报国”的使命情怀，搭乘中国经济高速发展的快车，完成了资本、技术、人才的积累，成为目前中国技术较为成熟、市场竞争力强的基础产业。中国也成为世界上最大的钢铁生产国和消费国，逐步由钢铁大国向钢铁强国迈进，书写了世界钢铁史上最辉煌、最壮丽的篇章。中国钢铁工业在中华民族伟大复兴的历史进程中，挺起了“钢铁脊梁”，贡献了“钢铁力量”。

中国钢铁人为共和国发展壮大作出了重大贡献。如今，中国钢铁工业不仅向国内、世界提供越来越好的材料，而且在绿色制造、智能制造、产业结构调整等方面有好的经验做法，对国家经济、世界发展的贡献越来越大。

“世界钢铁进入中国时代，在未来很长时期内，中国钢铁将持续引领世界钢铁工业发展。”

中国已经成为世界钢铁的中心。从我国作为世界第二大经济体的稳健发展态势以及发展潜能来看，中国引领世界钢铁工业的时间跨度必将是一个较长阶段。

在引领世界钢铁发展的时期，我们能为世界钢铁工业贡献什么？当我们走过这个发展阶段时，我们能为世界钢铁工业留下什么？这是我们要时刻思考的问题。

未来中国钢铁工业对国家经济社会、世界钢铁工业发展的贡献，不能仅仅停留在创造经济效益层面，要从技术革新的角度去寻找突破口，持之以恒付诸实践。走进世界舞台中央，中国钢铁要站在可持续发展和“实现中华民族伟大复兴”的高度，把“既创造经济价值又创造战略价值”作为主攻方向，加强钢铁可持续发展问题的战略性研究与实践。

中国钢铁人是一支坚不可摧的力量，面向未来，不会忘记一路走来的艰辛，会把中国钢铁工业推向更高的高度，让中国因为钢铁更强大，让中国因为钢铁更美好。

（二）
国有大中型企业的责任使命

“河钢要做倍受市场尊重的企业，要成为党和国家信任的企业。”

企业承受的挑战与自身定位相互关联，定位越高，挑战越多。企业在实现经济发展的基础上，追求为民族、国家作出更多贡献，它的定位会上升到新的高度，它的眼界、思维逻辑和使命都会发生变化。

河钢的企业发展战略始终高度契合国家战略，只有拥有这样的担当和这样的底气，只有把自己的定位与国家大环境相融合，河钢的发展才会有更大的空间、后劲和动力。当企业定位与国家战略、自身发展紧密联系起来时，随之而来的是刻不容缓的紧迫感，我们没有时间分享昨天的成绩，更不能停下来“打盹儿”。河钢需要做很多的工作，担当更多的使命，实现更加宏伟的目标，也必须面临更大的压力和挑战。

经历了各种困难和挑战，河钢拥有了强大的自信和韧劲，也更加深刻理解了"不辜负"的内涵。作为中国钢铁工业的"国家队"，河钢决不辜负党和国家的信任，决不辜负全体河钢人的期待，坚决同党中央保持高度一致，在积极贯彻落实河北省委、省政府决策部署方面作表率。

河钢已经成长为国家战略层面、世界范围内有影响力的集团，这是企业的高度和品牌的价值。现在的河钢，贡献已经远远超越了经济领域，成为社会功能的一部分，乃至服务于国家战略的一个支点。现在的河钢，比任何一个时期都更了解自己，更清楚当下和未来需要干什么，越来越感觉到肩负的使命和责任的重大。

集团化为河钢带来了全新的历史定位、历史视野，以及对未来的憧憬，让河钢能够站在更高的高度和平台上实现更好发展。河钢拥有庞大的供应链和客户端资源可以整合，成为全球最大钢铁制造国的国有大型钢铁企业集团。河钢理应向世界展现中国制造业的实力、展现中国的国力，为世界钢铁工业发展烙上"中国印记"，必须在产品、技术、国际化、资源配置等方面与自身的定位相匹配。

"河钢要为中国发展留下'河钢印记'，为世界发展留下'中国印记'。"

世界钢铁进入"中国时代"，河钢要充分认识并理性对待全球气候变暖、数字技术快速发展、材料技术更新迭代带来的重大挑战，充分展现大国钢铁的责任与担当，把握世界钢铁发展的趋势，在引领绿色低碳发展上实现更大作为，在推动智能制造上实现重大突破，在实现材料创新上彰显中国智慧。

身处“世界第二大经济体”“世界最大钢铁生产国”，河钢的目标绝不仅仅是利润，更是必须树立与中国在世界范围内打造经济强国地位相符合的远大志向。河钢人一个共同的心愿和呼声就是：河钢必须打造全球最具竞争力的企业。这是宏观定位和宏观形势自然造就的。

作为世界钢铁协会主席单位，河钢不仅代表自己，也代表中国钢铁行业，要在世界钢铁工业发展中彰显出与社会地位相符的担当。要围绕代表钢铁工业未来技术发展方向，加大攻关力度，在氢能冶炼技术上率先示范，为能源结构和产业发展带来革命性、创新性的变化。要始终以“为人类文明制造绿色钢铁”为己任，始终秉持“人、钢铁、环境和谐共生”的理念，不断强化国企责任担当，坚定与国家战略同向同行。

第二节

『如若万事俱备，我等价值何在』

■ 作为国有企业的领导干部，为党为民履职尽责是我们的根本职责，容不得以任何借口淡化责任、妨碍工作。否则，我们不仅会输了今天，还可能会丢掉明天。

■ 人生短短几十年，能够为一个传承百年的企业、为十几万职工发挥一些作用，实现自身价值，再苦再累都是一种莫大的幸福。心中拥有梦想，追求永无止境。

■ 上级和团队对个人最大的支持是信任；一个人对一个团队最大的伤害是辜负。

（一）
领导层的使命担当

“企业决策层的思想高度决定了企业的经营高度，企业经营层的视野决定了企业能走多远。”

每一届企业领导人，都在传承历史，都在开创新的未来。实现企业又好又快发展是一份责任，也是一份事业。我们要把责任担当放在第一位，形成一种专注和执着。因为只有想法纯粹的人，才能把事情干好。

对企业领导人的评价，不仅在于工作的好与坏，更在于如何担当起这份责任。把企业引领到什么高度，如何书写企业这段发展历史，如何驾驭企业庞大的国有资产，如何维护职工的利益，责任重大。

一个企业的领导团队，最大的本事就是在复杂环境中能够带领大家摆脱困境，走向更加美好的未来。主要领导干部要有战略眼光，不能得过且过，更不能出现不为企业未来负责的短期行为。

外部环境的变化给企业生产经营带来了新的挑战，但是不能成为障碍企业健康发展的理由。缓解困难和从根本上解决困难是完全不同的两个概念，一时出现困难，上上下下齐动员，振奋一下精神是必要的。但更重要的是，企业核心层要真正对企业准确把脉，形成能够从根本上改变企业命运的手段和办法。

改变、突破是根本，改变必须从领导层开始。没有领导层的改变，就没有企业的改变。时代赋予我们新的历史使命，无论承受多大的市场压力，我们都必须适应，要付出，要带领企业跟上时代发展潮流。领导班子和领导干部要树立强烈的担当精神和责任意识，以积极主动的工作态度，拿出“职责所在，使命必达”的气魄，眼睛向内找方法，拿出真举措、付诸真行动、取得真实效。

“应该把一个什么样的企业交给下一代河钢人，我时常自问，也以此不断鞭策自我。”

企业家是经济发展的生力军。我们一定要大力弘扬新时代企业家精神，在伟大的历史变革中不辱使命，主动担当，不辜负习近平总书记的谆谆教诲，不辜负党的培养和组织信任。

作为企业的领导人，要讲责任敢担当，要在自己的岗位上兢兢业业、履职尽责，扛起国有企业交付我们的这份责任。我们相信，任何时候员工都是坚定不移和领导团队站在一起的，但前提是我们能够带领广大员工，在最正确的道路上做最正确的事。作为决策层，我们的决策不可能让每个人都满意，但我们力求无愧于心，力争让企业里的每个人都感到温暖、都有信心、都有依靠、都感觉公平。

我们夜以继日地工作、学习、提高，是为了不愧于这个岗位。我们时常思考，在这个岗位为企业乃至为国家奋斗的时候，有没有遗憾；人生可能最大限度实现自我价值的时候，是不是尽心尽力了。我们应该把岗位工作当成一种修行，感恩岗位、感谢企业给予这样的机会，让自己的人生能够别具价值。

在困难时期，带领企业摆脱困境的责任既然落在了我们这一代人的肩上，我们就要同心同德、敢于担当，为河钢实现更好发展，作出我们应有的贡献，担当起我们应尽的责任，通过我们的实际行动和业绩，让职工感到可信赖、能依托、在社会受尊重。

企业的发展与我们每个人息息相关。领导干部职位的提升、岗位的变化，是责任的变化。当组织把企业交给我们时，是把信任交给了我们。组织的信任和重用，对每一个人来讲是不可辜负的，信任也给予我们更大的动力和压力。我们有机会在人生当中担当这份责任，彰显自己的实力和能力，是一种极大的荣誉。

我们有幸赶上了一个伟大的时代，有幸成为中华民族伟大复兴的参与者，一定要有比肩世界一流企业的志向，深入思考我们能为企业贡献什么，一定要义无反顾、勇毅前行，始终走在时代的前列，为民族复兴而奋斗，为成就未来而奉献。

（二）
各级领导干部的素质修养

“一个领导班子的战斗力和凝聚力强不强，关键在于能否坚定一个信念，局部利益服从整体利益，展现出大局意识。”

当一个传统的行业已经成为一个完全市场化的行业，当我们面临的竞争态势已经由长周期竞争变为几乎瞬息万变的短周期竞争时，要持续保持企业的竞争优势，干部团队就必须首先适应大环境。

无论在哪个企业，关键岗位上的领导干部都是这个企业历史进程中的重要一环。任何一项决策、任何一项工作，都要有高度的全局观念和强烈的历史责任感，一定要承前启后、经得起历史的考验。

企业发展的接力棒传到我们手上，各级领导班子要清醒认识到自身肩上的重任，以企业利益高于一切的担当，展现出同河钢保持高度一致的大局观、强烈的责任感、务实的作风，以及不完成任务决不放弃的执着精神。仅仅拥有敬业奉献、吃苦耐劳、身先士卒远远不够，更需要具备与世界和行业同节拍的思维方式、思想观念、做事效率和意识。无论面对什么样的环境，都要敢于迎难而上，善于打硬仗、打胜仗。

各级领导干部的团结配合和大局意识，是做好一切工作的根本。班子成员要珍惜彼此在一起工作的机会，相互之间真诚相待，以欣赏的眼光看其长处，以包容的心态避其短处，静心地干好本职工作，从大局、协同的角度团结配合，让整个团队真正拧成一股绳。

各级领导干部做事，必须首先考虑全局，要把河钢看成每个河钢人的一个标签、一个品牌和一种力量，通过每个人的精心培育和维护，让河钢成为一个具有强大向心力、凝聚力和竞争力的整体。

“河钢各级领导干部要站位于守土有责、守土尽责，敢于担当、勇于作为，更加积极主动依靠自己的力量推动企业发展。”

决定一个企业长远发展的因素有很多，最为关键的是管理者要永远保持一种强烈的责任心。面对困难和挑战，管理团队要真正着眼企业内部各个环节、各个细节进行深入分析，有些司空见惯的问题，恰恰是影响企业效益的关键问题，而彻底解决这些问题的关键就是责任心。

领导岗位就是接受挑战的岗位，就是锻炼胸怀的岗位。如果想要被尊重和拥有平台，就要解决企业的各种困难。在应对挑战和变革中，实现企业的华丽转身和完美蜕变，需要每一名干部付出更大的努力。面临挑战和困难，要敢于自问“如若万事俱备，我等价值何在”，也就是说，如果一切都顺理成章，我们的价值又如何体现？

如果总觉得自己不错、差不多就行，就会像一潭死水，就不可能发挥出巨大潜力。领导干部要不断给自己提出新的目标、新的要求，把别人没做到位的做到位，别人没做的要超前做。

一个领导团队，最大的执行能力来自在团队中的影响力。只要我们在其位谋其政，只要我们敢于担当、尽职尽责，只要我们肯于做出表率、心无旁骛地投入工作，广大干部职工是能够看得到的，也是能够公平公正地对待和评价我们的。一个领导团队能够得到基层干部和职工群众的信任非常重要。因为只有得到职工群众的信任和认可，班子才更具权威性，团队才更具凝聚力和执行力，我们的工作才能得到更好的推进。

带队伍、树正气、明责任、讲担当，这是对领导干部的根本要求。对领导干部来讲，手中掌握着庞大的国有资产，既肩负着保持企业健康运营的重任，也担当着推动经济社会发展的角色。面对问题时，如果给予过多的包容和宽容，这是不负责任、不作为的表现，要保持旺盛斗志和良好状态，彻底消除麻木、依赖心理，只争朝夕、勇于作为，把自己的工作做到最好。河钢干部队伍要用自身过硬的工作、强烈的责任担当和无私的奉献精神，取得亮丽的工作业绩，赢得职工的拥戴和企业的信任。

“没有最终的成功，也没有致命的失败，最可贵的是继续向前的勇气。”面对新的挑战，各级领导干部要继续保持昂扬的斗志，满怀信心迎难而上，集中精力做好工作，为企业发展创造更大的价值，不辜负河钢和广大职工的信任与期待。

（三）
河钢人的责任使命

“企业是一个大的平台，河钢人共同依托这样一个大的平台，实现我们个人的价值。”

为行业、国家担当更多的历史使命，是每一个河钢人更高的选项和定位。时代发展进步到今天，企业为每一名员工提供的不再是一个就业的岗位和谋生的“饭碗”，而是一个成就人生、彰显价值的广阔平台。

在河钢，任何一个岗位，都是一个平台。这是一个体现价值、成就人生的平台，是为企业发展施展才华、发挥作用的平台。这个平台，无限广阔；这个平台，给广大员工提供了创新创造的无限可能；这个平台，能够把每一个人的形象勾勒得十分清晰；这个平台，让每一位员工都对未来抱有无限的憧憬。

每个人的价值都和这个平台的价值连在一起，每个人的成长性和未来价值都和企业发展连在一起。我们要做好自身工作，在不同岗位上书写自己的历史。

“河钢的未来掌握在我们每一个人的手中。”

一个企业的成功并不是源于资源禀赋的优厚，而是源于宏大的目标、扎实的工作、宽广的思维，以及一个无所不能的战斗团队。

河钢人要让自身成长与企业发展休戚与共，把自己的命运和企业的命运紧紧连在一起。只有全身心地为企业未来谋划、打拼，才能获得丰富的工作经验，得到更多的历练，实现个人更好成长，为企业作出更大的贡献。

“你不主动可能就会陷入被动”，工作的主动性和超前性，对企业的影响至关重要，也是河钢人必须具备的素质。主动地看问题、超前地解决问题，这是一种现阶段更需要的能力，也是一种担当。任何事争取主动，就会更好地把握局面。

第二章

理念自信：理念的领先优于资源的领先

【当钢铁行业完全进入了一个充分竞争的时代，我们的理念不能还停留在过去。就像习近平总书记所讲，“不能身体已进入21世纪，而脑袋还停留在冷战思维、零和博弈的旧时代。”】

在危机中捕捉机遇，不能白白浪费任何一个危机。

一条路走不下去的时候，是到了该转弯的时候。

任何一件事，最大的智慧是做到双赢。

第一节

『不能白白浪费一个大的危机』

■ 当我们感觉无路可走的时候，并不是路到了尽头，而是到了重新选择路径和方式的时候。

■ 任何一件事，最大的智慧是做到双赢。只看到它的不足，你就是失败者；抓住了它的机遇，你就是成功者。

■ 最大的障碍不是表面看到的困难，而是深层的思想意识问题。观念和认识不突破，很难有大的改变。

（一）
辩证看待挑战

“要用未来的眼光看待当下的问题，它不是发展的终结，只是我们成长道路上的一个困难。”

当企业陷入困境的时候，往往酝酿着新的机遇。问题和挑战不是我们的全部，也不是我们的终结，只是历史进程中的一个局部、一段困难期，更是我们谋求发展的动力。

面对跨不过去的坎儿、绕不过去的问题，不能因为应对当下困局而制约了谋划未来和抢占发展机遇。有些问题，越是把它看成一个难题，就越会放大它的难度，也就越会束手无策；反之，如果我们展开想象力，主动寻求办法，就会有诸多的方案可供选择，问题也就会迎刃而解。

市场在变，适者生存。错过机会，永远只能追随；谁能抓住机遇，谁就能抢占先机。我们要善于在变革中寻找机遇，在变革中无限放大积极因素，挖掘优势以对冲变故带来的各种不利。

“发展中充满了羁绊和挑战，关键要做到客观面对，正视问题不回避，但也绝对不纠结于问题。”

行业的重大调整期既是机遇期，又是稍有不慎将会被淘汰的窗口期。在这样的形势下，企业要生存发展，关键是看我们如何做好自己的工作。

在决定企业命运的特殊历史时期，一个企业如果不能先走一步，而是慢了半拍、慢了一步，可能就会陷入困境不能自拔。所有的企业都到了一个新的起跑线上，谁先行一步，谁就拥有未来。

面对严峻的困难形势，我们不要去埋怨市场，也不要期待过了这段时期就会好转，而是要理性地认识、积极地对待。困境不是简单换做法、加大力度就能走出来的，勇敢颠覆、创新、改变，这是我们带领企业走出困境的根本。

在巨大的压力面前，只有不断地看到自身的不足，才能拥有进一步发展的动力和空间。只有当我们拥有了更高的目标，才会为实现它进行自我动员和选择路径，明晰自身未来成长和未来价值。我们不能改变市场，但可以改变自己，只要我们用足、用好自身条件，就一定会发生巨大变化，竞争力也会得到巨大提升。

（二）
正确看待行业低谷期

“市场不可能永远是盛宴，严峻的外部形势形成了倒逼机制，推动行业实现蜕变。”

任何一个行业，如果外部形势一直好下去，整个行业未来不会有真正的蜕变。一个传统行业适应了社会经济发展步伐的节拍，融入社会经济发展的变革中，它的生命力就会体现出来。

我们面临的压力，是中国经济发展转入新常态之后，对钢铁行业提出的新要求。钢铁行业存在的问题不是现在才有的，而是原来就有的，只是在高盈利期时问题被屏蔽掉了、忽略不计了。市场一旦回归理性，所有的问题就出来了，它就阻碍了我们的发展。

钢铁行业面临的困难表面上是市场问题，其实也是一个行业没有跟上大形势的问题。钢铁行业的严峻形势将会在较长时间内持续，那些等待外部环境改变的想法无异于痴人说梦。如果我们继续抱着传统的思维定式和经营模式不放，就会难以生存下去，要善于运用大势改变自己。

旧的发展模式走到尽头的时候，并不是说钢铁产业到了“没有希望”的时候，而是到了旧的发展道路必须“拐弯”的时候。这个阶段，才是钢铁企业真正提升和体现自身竞争力的时期。传统制造业“大干快上”的规模扩张时代已经画上了休止符，唯有主动适应变化，改变传统发展方式和商业模式，才是实现可持续发展的根本路径。

“钢铁行业步入由‘量的积累’到‘质的提升’的关键时期，这个变化既是挑战，更是机遇。”

国家宏观形势的变化，不是中国经济发生了多大问题；钢铁行业困局，不是钢铁行业没有了未来。处于全球钢铁产业深度调整期、我国经济增长速度的换挡期和经济社会的转型期，这样的外部环境变化给企业带来了新的挑战。

挑战不是障碍发展的理由，而是难得的历史机遇。钢铁行业面临的挑战是转变发展方式、创新商业模式、实现转型升级的重要契机。无论中国钢铁还是世界钢铁，过去的每一次重大发展，都是我们成功战胜挑战的伟大实践。

钢铁行业的状况在较长时期内不会发生明显改观。遭遇严酷的外部市场的时候，恰恰是实现重大转机的时候。这是一个多数企业陷入困难的时期，也必然是一个伟大的企业华丽蜕变、转型升级的机遇。这一切都取决于我们的思维、理念和视野，取决于我们的战略、计划和行动。社会主要矛盾的变化，给我们带来了一个路径重新选择和发展模式全新变革的机遇，让钢铁行业获得了更大的发展空间，有利于实现企业整体竞争实力大提升。谁能适应、抓住这个机遇，不再观望、不再迟疑，谁就能脱颖而出。

（三）
审视企业困境

“企业越是困难的时候，越应该寻求改变。即使在改变当中有不确定性，也不能抱着那些没有效果的陈旧做法，在漩涡当中等待。”

任何一个行业都有低迷时期，关键是如何看待和应对。一个极具竞争力的企业，不会完全依赖于市场的利好，其生存状况不会因为市场变化受到太大影响。行业进入完全市场化，如果仍然沿用过去的思维方式、管理方法去应对市场，肯定过不去。

国有企业不是落后和保守的代名词。“国有企业什么都不能动、什么都不能变”，这种错误认识让我们自己设置了障碍，捆住了手脚。我们如果搂住历史上很多保守的东西不放，是没有出路的。企业改变有风险，不改变风险更大。

企业历史沉淀的问题已经到了刻不容缓、非下大力气解决不可的时候了。我们绝对不能局限或执拗于细节的、眼下的困难当中，障碍了发展眼光和前进脚步。最困难的时期，恰恰是我们绝地反击、迎头赶上的好时机。

改变带来希望，改变创造未来，尤其对钢铁这个传统行业，在当前困难局面下，不改变就没有未来，一味地重复过去固步自封的路子，只会越走越窄。如果不把真正的问题找出来，不把真正的解决手段使出来，仅仅靠一些传统的理念、通常的做法、常规的动作和一般的力度是过不了关的。要义无反顾地颠覆所有对我们有束缚的障碍，大胆地改革创新，实现企业的更大发展和完美蜕变。

“我们左右不了市场，但可以左右自身工作。”

同样的市场环境下，有的企业生存艰难，而有的企业却仍然效益可观。因此，市场“好”与“不好”，不取决于我们的主观判断，而取决于企业是否能够适应市场需求，是否能够找到自身成长的路径和空间。

在市场供需关系变化后，企业要生存发展，不能再寄希望于市场的好转，而应该从改变自己开始，致力于企业内生动力的提升。这种应对市场能力的提升，是企业可持续发展的需要，对企业的未来发展更有价值和意义。

一个企业最大的潜力是能够发现自己的问题，一个优秀的企业不仅能够发现自己的问题，而且有办法解决这些问题。一个优秀企业的成长过程，就是不断地查找和发现自身问题、不断弥补不足的过程，在不断完善中去进步、去蜕变、去超越自己。

一个人能够发现自己的不足，而且有勇气解决自己的问题，就是一个优秀的人。企业也是一样，把问题都说给别人，把问题都归结为市场，绝对不是河钢应采取的态度和做法。现在企业面临的主要问题，市场困难是表象，企业内部竞争力才是根本问题。这是多年来形成的经营模式问题，是经济发展进入新常态以后，我们如何对待的问题。

面对依然严峻的外部环境，如果河钢上下内心越来越淡定，信心越来越足，应对困境的手段越来越多，发展的轮廓越来越清晰、步伐越来越坚定，那么这就是一个企业最大的竞争力。只要我们坚定不移地走下去，河钢建设最具竞争力钢铁企业的目标就一定能够变为现实。

“对于制造业企业来讲，获取可持续发展能力比获取阶段性财富更加宝贵。”

对一个企业来讲，阶段性的盈利是有价值的，但企业对市场的认识、应对市场的手段和企业未来的成长性更有价值。

要处理好生存与发展的关系，坚持保生存和谋发展两条工作主线。保生存是为了给更好发展提供空间；谋发展是为了增强企业竞争力，最大限度减少阶段性市场波动带来的生存压力。我们决不能因为遇到了暂时的困难，就动摇对发展的信念；也不能把解决生存问题的出路寄托于未来的发展。

整个经济社会的转型期，会给钢铁行业带来异常严峻的困难和挑战。但恰恰在这个时期，面对严酷的市场环境和压力，河钢完成了一个传统国有企业向完全市场化企业的转变，实现了可持续竞争力的提升，收获了比经济效益更宝贵的竞争力，增强了“可以在全球任何一个区域与任何一个企业竞争”的自信，这对企业未来的发展更有价值。我们应该感谢这段社会经济全面转型的时期，能够让我们破釜沉舟，主动求变。

第二节

『只有创新，才是永远的引领』

■ 没有思想的大解放，没有观念的大突破，就不可能实现工作的大飞跃。

■ 当今日新月异的社会变化让许多传统的优势不复存在，学习能力至关重要，谁具有极强的学习能力，谁就能赢得领先一步的优势。

■ 要通俗地理解创新，它离我们很近，没有多高深莫测。创新就是现有物品的重新组合，这是最朴实的内涵。要在深刻认识内涵的基础上，用不同于过去的理念、手段、技术，把过去的事重新干一遍。

（一）
解放思想

“当一个企业积重难返的时候，必然孕育着一场大变革，这个变革必须靠思想解放、更新理念来实现。”

当一个企业遇到解不开的扣儿、越不过的坎儿时，一定要大胆地解放思想，打破条条框框约束，全力以赴朝着目标努力。

解放思想是改革创新的前提，当下比勤奋、勤劳、勤俭更珍贵的，是理念、眼界和勇气。在推进工作中，要理念引领、认识先行，以解放思想、改革创新来统领我们的工作，这尤其需要胆识。

对于一个传统企业来讲，我们现在所做的工作，都不是我们过去擅长的，有些路径、方法不是我们过去惯用的。这就更需要我们在衡量自我时把创新思维、拓宽思路、解放思想作为一项重要指标。不仅要清楚自己的工作，也要准确把握行业的发展趋势，特别是关注外部环境发生的变化，摒弃四平八稳的惯性思维，保持自信心、责任心和良好的精神状态，进一步创新发展路径。

“跨界对标能够突破原有行业边界，能更好地打开视野。”

行业有区分，但不能成为障碍。一个行业已司空见惯的做法，往往对另一个行业就是颠覆性的创新。我们梦寐以求想要改变的事，认为需要很大勇气去探索的事，对另外一个行业可能只是很简单的事。这就是跨界的差距。

无论任何行业，治企的理念都是相通的，先进的思维方式都是可以学习借鉴的。跨界可以跨越时空、领域、文化等各种界限，把其他行业具有创新性的思想观念、商业模式、体制机制等高效价值资源移植到本行业，催生巨大的创新动力，拓展企业的发展空间。

在当今开放竞争的市场环境中，资源配置能力已经成为企业的核心竞争力，要拥有动员和配置各种资源为我所用的能力，我们需要加强学习、开阔眼界、提高悟性。钢铁行业已经开始进入完全竞争阶段，而家电行业是比钢铁更早进入完全竞争的行业，我们完全可以借鉴家电行业的市场理念，“像卖家电一样卖钢材”。

一个传统行业适应了社会经济发展步伐的节拍，融入社会经济发展的变革中，跨界借鉴先进行业的理念和路径，它的生命力就体现了出来。要进一步树立跨界思维，充分借鉴先进行业和先进企业的经验。特别是要加强与市场化成熟行业或企业的对标，认真学习借鉴它们的先进理念，不断丰富扩展我们的路径与思路。

（二）
提升再学习能力

“做成任何一件事情，限制我们能力发挥的最大问题就是认知。”

个人的成长、企业的发展，都需要我们一方面了解自己，另一方面还应该了解别人。通过看别人的长处，也看自己的不足，从而更好地把握自己。

认识一件新鲜事物，我们要深入思考这个事物好在哪儿、能够给我们什么启发、我们能不能做到这样的标准、要达到这个标准需要解决什么问题等内容。在这样的过程中，更重要的是如何反过来重新认识自己。

工作周而复始，工作水平的不断提高来自认知高度的不断升华和视野眼界的不断拓展。有很多工作概念不变，但是内涵在不断发生改变，这是我们的认识高度改变了。

整个社会进步就体现在驾驭者理念和思维方式的变化上。任何事物、团队和社会进步，首先建立在认知上，其次建立在方法更新上、路径拓宽上。所有的工作就是要通过局部的打破常规，在重新认识和完善的过程中带来整体的提升。

“人们的比较优势不再是原本拥有什么，而在于当前能捕捉什么、能否掌握更多的新知识。”

随着社会的巨大进步，特别是互联网技术、信息化技术和商业模式的不断成熟，快速的知识更迭和信息更新、行业进步，很多行业由长周期竞争变成短周期竞争。当今世界的竞争，已经是跨界的竞争、是区块链的竞争，企业的传统优势正在被层出不穷的链接整合优势化解得越来越少。这就要求从业者具备极强的驾驭能力。

面对新的市场环境和竞争形势，每个人、每个团队都站在了同一个起跑线上，没有了领先一步的优势。作为全新的“起跑者”，决不能固步自封，我们一定要善于学习、打开眼界，和当前经济环境同步，和 21 世纪万物互联的时代同步，不断提升再学习能力，不断借鉴先进理念，才能走得更远。

再学习能力，就是对新业务、新技术、新信息的捕捉能力和快速跟踪能力。不能再依赖于自己曾经“学了什么”“干了什么”，更重要的是从现在开始学什么、干什么。只有从现在开始学习，才能真正形成新优势。日常工作的每个细节，特别是对新理念新事物的学习能力、对大型企业的驾驭能力，以及精神状态、思想高度，都体现出团队的高度和水平。旺盛的精力、宽广的视野，很强的学习能力和适应能力，求上进、不服输、不推诿、不回避的精神，这都是企业发展需要的。

学习能力尤为重要。当你拥有了极强的再学习能力，你就能主动拥抱今天、明天。河钢只有以谦恭的态度学习，打造极其浓厚的学习气氛，保持与时代同频共振，保持和时代同节奏，才能保持良好的发展态势。

（三）
改革创新

“改变和创新，不是对过去的否定，而是在新的经济形势和新的发展形势下，寻求新的路径。”

创新并不是要盲目放弃自己擅长的事情，而是在有所坚守的同时，用动态、开放的眼光看待层出不穷的新产业、新业态，另辟蹊径，在具有比较优势和差异化的新领域中先行一步，打造自身新优势。

一件做了多年的事情，在一个新的平台上，以一种新的理念和新的方式重新做一遍，把资源进行重新配置，同样是创新，同样是机会。

解放思想和培育创新相辅相成，不敢解放思想，不去打破常规，就不可能培育出创新能力。任何一项进步，任何一种创新，都会给传统业务带来巨大的更新能量。

数字技术和工业互联网为传统产业带来了创新的思维和全新的商业模式，让“创新”成为一种“顺序”和“组合”的变化。

“变革、变化，是企业永恒的推动力。”

随着社会发展、技术进步，没有哪个行业永远是新兴行业，必须要依靠改革与时代保持同步。改革不是什么新名词，不是简单地否定或放弃自我，而是通过创新理念、转变思路，谋求传统行业新的发展方式。

认识的高度、先进的理念、科学的观念是改革的前提，没有破釜沉舟、颠覆传统的勇气，没有“不改革、不创新企业便无路可走”的共识，没有跨行业、跨时期的认识高度，就难以设计出理想的改革模型。

改革创新是行业形势的要求，是企业生存的需要，是河钢未来发展的必由之路。改革需要有担当的精神和勇气，更需要智慧。要彻底转变思维方式和思想观念，真正认识到改革创新的必要性，决不能用历史的标准衡量一个完全现代化的企业，决不能让理念和思维方式阻碍企业改革创新的步伐。只有当改革真正成为一个企业实际行动的时候，才会在企业内部带来巨大的变化。

第三节
『未来的差异化，取决于理念领先一步』

■ 未来的市场，商业渠道竞争将更加残酷，谁率先赢得渠道，谁就更加主动，谁就赢得了先手棋。

■ 随着整个经济社会的变化，资源不再是谁拥有的问题，而是谁使用的问题，现在最高明的经营方式是如何更多地配置资源，而不是占有更多的资产。

■ 企业的实力决定了伙伴的高度，伙伴的高度又决定了企业未来发展的高度。

（一）
渠道为王

“在产品日益丰富的现代经济社会，企业之间的终极竞争越来越凸显为渠道的占有，越来越体现为产业链协同的竞争。”

21 世纪最稀缺的资源是客户，谁拥有了渠道、拥有了客户，谁就有了生存之本。未来的行业竞争，不仅体现在产品本身，更体现在渠道的建立、客户的选择和牢固的信任关系等方面。

进入高端市场，不仅需要装备、技术方面的实力，更需要在建立产品渠道方面持续发力。企业差异化竞争，已经表现为渠道差异化。河钢未来的渠道不是单纯靠资本置换来的，而是靠客户的信任，是企业与客户之间的粘结度建立起来的。河钢和客户之间绝不是简单的买卖关系，而是要通过资本纽带等方式锁定客户渠道。

“河钢人有实力、有能力，关键是要找到释放的渠道和路径。”

河钢与海尔建立了长期稳定的战略合作关系。最初，双方共建联合实验室，河钢前移研发服务为海尔量身打造专用产品；随后，控股海尔特钢，形成独立的家电业务板块，构建领先一步的渠道优势，培育出钢铁与家电深度融合的产业链生态圈。

河钢控股海尔特钢绝不是规模的盲目扩张，而是要延伸产业链条，介入高端装备制造业，最终实现渠道营销。通过渠道的改变，河钢短时间内实现了海尔用板品种全覆盖，成为中国第一大家电用钢和第二大汽车用钢供应商。这充分说明渠道对企业至关重要。

我们的能力、装备、产品都没问题，在客户对接上、在销售渠道上持续发力，这是极为艰巨的一项工作。海尔特钢不仅要成为河钢家电板快速提升的绿色通道，也要成为推动市场化进程的有效载体，肩负起推动河钢与全球家电行业开展合作的重任，在新客户关系的建立和渠道的选择等方面充分发挥桥头堡作用。双方要积极推进家电家居场景创新合作，以期带来家居消费的全新体验。

河钢收购全球最大的钢铁材料营销服务商瑞士德高，更看重它的渠道价值和平台价值，特别是欧洲极具竞争力的商业模式，其商业价值远远超越了钢铁贸易本身。通过收购瑞士德高，让河钢在资源配置、商业平台、资本运作、商业信誉等方面，成为一个全球性企业，也让河钢抢占了钢铁企业国际化发展的桥头堡。这是我们布局全球、占领国际市场的最为快捷的途径。

（二）
资源配置

“企业最大的能力是配置资源的能力，要把社会资源为我所用。”

在以互联网为代表的新技术层出不穷的今天，社会资源越来越成为公共资源，公共资源越来越成为发展的不竭动力。企业内部的资源是有限的，但是外部资源和平台是无限的。

每一次社会的巨大进步变革，更多体现在社会资源的重新配置上。当今万物互联的时代，就是需要创新理念和商业模式，通过链接的方式，对资源进行重新配置，使价值得到极大的释放。

从商业发展的大趋势来看，制造业企业之间的整合更多依靠资本完成；未来则更多依靠客户端，谁拥有市场，谁就可以整合制造业。而整合的手段就是资源的重新配置和链接。

配置资源本身就是一种能力。庞大的社会资源已经渗透到每一个角落，企业与社会的融合度越来越高，如果游离于社会之外，不会利用社会庞大的、廉价的有效资源，企业成本不会降低。

真正强大的企业都有着极强的资源驾驭能力，都能够利用社会资源解决企业自身问题。所有的资源都存在，只是进行再配置；所有的要素都存在，只是进行重新摆布。关键是我们用什么样的眼光和心态，用好无处不在的资源和无处不在的优势。

当前钢铁行业进入了全方位、立体化的竞争时期，拥有者的价值正在向使用者的价值转移，谁能用最小的代价配置和使用社会的公共资源，谁就能在竞争中轻装上阵、领先一步。

“在互联网经济、链条经济、平台经济条件下，流量和体量本身就是价值，有资源就能够创造价值。”

随着经济社会发展，人们对企业竞争、产业链竞争的认识，都在发生着巨大的变化。平台的概念、体量的概念、资产的概念，越来越成为衡量一个企业分量的重要标志。

未来无论是哪个行业的竞争，都不再是一个行业、一个企业、一个产品的单打独斗，而是一个链条、一个系统的竞争。谁能把独立的各个工序、各个事件、各个业务进行有效连接，谁就是胜者。

长流程钢铁企业从供应链到客户端拥有更大的流动性，这种庞大的产业链条孕育着巨大的财富。在河钢的产业链条上，最终的钢铁产品是创效基点，所有的供应链成为价值链、创效链，凡是资金流动的地方都要创造价值。当河钢的经济效益不再是钢铁产品本身价格高与低，而是产业链的价值创造，企业规避经济风险的能力就会增强。

未来河钢的每条工序链都能创造自身的价值，每条供应链都能在保障供应的同时作为平台创造价值。从采购到最终钢铁产品卖出去，供应链、工序链的每个环节、每道工序，都应该承担起创效责任，都应该有自身创造价值的手段。要以市场化、平台化为支撑，集中企业所有创效资源打造全流程的价值链。

（三）
与强者为伍

“学习别人，不仅仅是一种做法和勇气，更是一种胸怀。”

当今世界，任何行业都存在着激烈的竞争，要想实现更好更快的发展，企业必须保持开放的经营环境，增进和先进企业之间的沟通与交流，更准确地看清对方、认清自我。

一个人或一个企业，无论有多大本事，如果不能与别人为伍，把自己局限在一个小的圈子里，那就只能孤芳自赏。越是先进的企业，就越是担心把固有的东西也看成是先进的，担心大家抱住固有的东西不放。这是先进企业最大的障碍。

河钢坚持与强者为伍，既着眼于现在，也着眼于未来，因为他们能带给河钢未来的发展方向和趋势。与拥有不同优势的企业开展交流合作，成为河钢向世界先进企业学习的一种重要方式和途径，促使我们的发展理念得到更快转变，创新力得到更大提升，企业发展路径和战略定位更加清晰。在与强者为伍的过程中，不仅能相互学习，也能让彼此都成为受益者。

“要想成长为巨人，必须与巨人打交道。在与高端伙伴的合作中，将获取更多的学习和提升机会。”

从某种意义上说，西方先进企业具有先进的商业模式、客户理念、管理流程，更为重要的是看待问题的角度和思维更先进。学习借鉴国外先进企业的成功做法，是中国钢铁工业发展当中一个很重要的环节。学习不是矮化自己，善于学习和借鉴国外先进企业的经验，收获的不仅仅是服务和产品本身，更多的是先进理念和自信。

河钢一定要借鉴世界发达经济体钢铁工业发展不同阶段的经验。当我们跳出自我看世界，深入研究西门子、蒂森克虏伯等世界先进企业的发展战略和发展路径，会突然感到还有很多事情等待我们去做，内心就会生出一种时不我待、只争朝夕的紧迫感。西门子永远不和同行搞竞争，竞争定位就是做别人做不了的，一旦形成同质化竞争就坚决放弃，迅速打造新差异化和比较优势等经验做法，非常值得我们学习。

河钢更懂得与强者为伍的重要性。与强者的合作不是简单的“混合物”，而是深入的“化合反应”，把更多精力由关注内部向关注外部转移，优先考虑与大型跨国集团进行合作，实现 1+1>2 的效果。这也是行业公认的河钢这些年快速发展的成功做法。

（四）
品牌建设

“没有品牌就没有未来。”

制造业是国家经济命脉所系，钢铁产业作为制造业的重要基础产业，重要性不言而喻。随着钢铁企业围绕满足消费升级需求，逐步由制造向创造、由速度向质量、由产品向品牌转变，整个行业都在走向成熟。

品牌是企业战略中最重要的组成部分，没有品牌支撑，就不会有伟大的企业。很多企业都存在一个惯性思维，就是要先全力扭亏，再考虑品牌。不过，这也意味着丧失机遇。更好的办法是厘清家底，然后在确保生存底线的基础上，以能够承受的最大步幅塑造品牌，二者同步推进。

品牌是质量、技术、信誉和文化的重要载体，是企业乃至国家竞争力的重要体现，是赢得世界市场的重要资源。知名品牌意味着高质量、高信誉、高效益、高附加值。一个知名品牌的背后，就是一个在激烈的市场竞争中始终立于不败之地、持续健康发展的成功企业。

“河钢要以品牌为切入点推动企业实现高质量发展。”

企业品牌不仅与产品及服务质量相关，品牌塑造体现的是创造价值的责任，是资源配置的能力，是服务社会的贡献。能否主动改变钢铁产业旧有的形象，承担“由黑变绿”的成本，考验着企业的价值定位。

品牌价值凝聚着企业的产品竞争力、文化竞争力、资源配置能力、技术标准和质量管理等。河钢的核心竞争力最终要体现在品牌价值上。

对比效益与品牌，河钢更看重后者。因为，效益只代表当下，品牌更可持续，更能够代表未来。河钢从来不是要做一家短期内更赚钱的企业，而是要成为受人尊敬的伟大企业。

河钢的品牌，应该从效益观念到绿色环保、到团队协作等各个方面，形成一个价值观，充分体现河钢的团队意志和品牌形象。河钢要强化品牌是企业生存之基、发展之要的认识，让品牌意识扎根企业每一个员工心中，贯穿每一道生产工序，渗透每一个价值创造链条，把注重提高产品质量、提升服务品质作为加强品牌建设的根本，擦亮河钢品牌。

第三章

路径自信：与时代发展同频共振 与国家战略同向同行

【世界上成功的企业，都是和时代同步的企业。河钢正经历着让世界瞩目、让自己更加自信的变化，这来源于河钢的路径自信。】

一个企业客户群的高度决定产品的高度，产品的高度决定企业的高度。

一个企业要想赢得尊重，靠的就是实力，靠的就是企业品牌，靠的就是产品。

卖钢材就是卖服务，河钢要像卖家电一样卖钢材。

第一节

『唯有顺应时代潮流，才能找到自己的发展之路』

■ 如果说原来的发展是在一条羊肠小道上，那么供给侧结构性改革就给我们提供了一条平坦的高速公路，能够让企业发展前景更广、路径更优。

■ 随着国家经济的转型和发展，钢铁行业要经历一个蜕变、提升、成长的过程。这个过程是漫长的，也会有阵痛。但在这种阵痛当中，孕育着很多变化和机遇。

■ 当企业寻求新的发展路径时，要开阔眼界、拓宽思路，紧贴经济大局、国家战略、行业趋势，这些与自身的未来紧密联系在一起。

（一）

对供给侧结构性改革的深刻理解

“党中央审时度势提出供给侧结构性改革这个重大战略部署，是一个历史性的创举，必将为中国未来经济发展提供更广阔的空间。”

伴随改革开放的快速发展，中国人用勤劳和智慧在世界上建起了一座巍峨的“高楼大厦”。党的十八大以来，我国经济向高质量发展阶段迈进，这一阶段要求我们对过去建成的“高楼大厦”展开一次“精装修”。如果说建“高楼大厦”需要的是速度和力量，那么“精装修”更多需要的则是技术、人才，乃至人们对生活的品味与感悟。

随着供给侧结构性改革和高质量发展，消费侧已经由简单的消费数量开始向消费质量转变。这需要我们用新视野、新思路和极强的创新能力去开展工作。国家、行业和企业都在积极寻求出路和改变，谁能在这一轮转变中抓住机遇，谁就能从跟随者变成领先者。

一个行业的发展高度和一个国家的经济发展阶段是相辅相成的，不能超越社会的消费结构去讲产业产品结构。我们要从尊重历史、尊重产业发展规律、尊重社会消费结构的角度来正确看待钢铁行业发展的新阶段。

当一个经济体满足了基本需求后，随着追求品质的需求增加，整个供给侧必须发生改变，由追求数量、追求效率转向追求品质、追求稳定，这并不是花钱投入就能换来的，而是需要所有要素的全力投入。

供给侧结构性改革所遵循的除了有效供给、满足个性化需求之外，更重要的是要摆脱低端循环，提高投入产出，用有效的资源提高供给质量。这是一种集技术、装备、人力资源、管理创新能力等为一体的全要素生产力的总动员，其中蕴含着巨大市场和空间。

“钢铁产业‘去规模化’，是指由以规模扩张为主转向以品种质量为主，是对钢铁行业粗放型发展模式的一种彻底颠覆。”

世界科技的高速发展和全球经济的空前发达，让企业、客户之间所有的关系都在发生新的变化。随着我国提出推进供给侧结构性改革并持续深化，我国经济结构调整从增量扩能为主转向存量优化，经济走上高质量发展的转向期。

在高质量发展新阶段，呈现出的最大特点是数量速度要“下台阶”、质量效益要“上台阶”。产业迈向中高端对有效供给水平提高的迫切需求，不是“量大面广”的同质化产品，而是将填补“质量缺口”作为主要任务，形成一批具有国际竞争力的高质量品牌企业。

随着新时代的到来，未来中国经济发展的需要和供需关系的变化，都让以钢铁材料制造为主的大型企业的生产模式发生变革，想要依靠市场增量来保障自身发展的路径将不再有效，而是要从规模化向小批量、定制化、个性化转变。多元化的发展路径，比“规模化”本身潜力更大、空间更广，中国钢铁产业已经到了“去规模化”的时期。

“去规模化”是经济发展新常态下，倒逼企业颠覆传统思维模式与生产组织方式，在求新、求变、求突破中不断超越自我，实现可持续发展的有效路径。“去规模化”时期的到来，让中国钢企可以把更多的精力从“增量”向“提质”转移。在“去规模化”的道路上，我们要主动适应环境的变化尤其是需求结构的变化，抓住在国家宏观经济的深度调整和转型期间涌现出来的新的投资领域和发展的新业态，改变传统的发展方式和商业模式，通过技术和创新构建起企业新的核心竞争优势，加速推进企业转型升级，实现更好发展。

（二）

供给侧结构性改革带来全新的发展模式

“钢铁行业进入供求关系基本平衡的阶段，需求结构发生了巨大变化，要根据社会需求积极做好自身结构调整。”

随着国家经济增长由高速转向中高速、产业结构向中高端水平迈进，钢铁行业必须改变传统的盈利模式和发展方式，盈利模式、品种结构必须适应这种市场环境变化，由原来追求“量大面广”的同质化产品，转到以满足个性化、差异化需求为主的特色产品。

增强发展质量优势、抢占战略领先优势的“机遇窗口”已经打开，中国钢铁工业顺势而为实现由量变到质变的华丽转身，即钢铁总量少了，产业链条长了；钢铁总量少了，产品精了；钢铁总量少了，产值高了。这是实现规模扩张、装备提升后，进入“质的提升”阶段，中国钢铁工业主动适应经济发展环境变化，尤其是主动适应需求结构变化的必然结果。

迈向新的阶段不可逆，紧迫发展任务不能等，钢铁工业蕴藏的所有潜力活力，需要以深化供给侧结构性改革为引擎激发出来。当前最需要的“有为”，就是撸起袖子加油干。钢铁行业全新的发展模式，需要更多的技术进步、管理手段、创新因素和人才支撑，实现由个别生产要素到全要素总动员的过渡，从而打造未来在多领域的差异化竞争优势。

“对企业来讲，供给侧结构性改革最实实在在的内容，就是产品。”

河钢转型升级的基本出发点，源于我国经济进入了高质量发展的新时代，中国钢铁工业的发展已经到了成熟的转型期。面对高质量发展的要求和激烈的竞争形势，加快转型升级迫在眉睫，这是河钢生存的需要，也是战略的需要，更是作为国有大型企业担当的需要。

供给侧结构性改革对企业来讲，是一次生产力的极大解放。对河钢来讲，供给侧结构性改革是全面提升产品档次，全面提升产品质量，全面实现由批量化生产向小微化、向满足不同层面需求的全新生产组织模式转变。

围绕提高有效供给和扩大中高端供给，河钢的关键词就是“抓住客户”，以客户结构优化推动产品升级。河钢的供给侧结构性改革就是产品提档晋级，就是调动所有有效资源，用有效的投入释放出更好的产出，使产出更合理、更高端，摆脱过去低端循环的模式。要动员技术、人才、装备、创新、管理等各方面要素来促进产业升级，把技术水平、科技能力、创新能力、员工能力，都凝聚到产品本身。

未来，企业的竞争会不断地出现新的差异化，由弥补差异化向制造差异化转变的过程就是企业竞争力提升的过程。积极适应中国钢铁需求由规模化、同质化向专业化、个性化发展的趋势，建设最具竞争力的钢铁企业，是新形势下河钢的新目标新任务。

（三）
推进供给侧结构性改革的河钢历程

“河钢发展的第一阶段是装备升级，它的推手来自投资。从2008 年组建成立到 2013 年的发展周期，依靠巨大的投资拉动，在短短几年时间内企业整体装备水平达到行业一流。”

通过装备全面升级，河钢补齐了装备的短板，弥补了工艺的缺陷，改变了“巧妇难为无米之炊”的局面。河钢的高端装备、先进工艺、配套设施都是按照生产最高档次产品来匹配的，“高大上”的装备不是用来观赏的，而是用来追求财富价值的，最终要体现在装备潜能的释放和产品竞争力的提升上。

装备升级是河钢发展历程中一次重大进步，但我们要辩证地看到，依赖投资拉动的发展方式是不可持续的。一个企业实现装备大型化和现代化，仅仅是迈出的一大步，更艰巨的任务是如何用高端的装备实现产品的高端化。

我们的装备水平已经可以覆盖行业最高端产品领域，如果还是沿用过去生产普通钢材的思路、标准和工艺去驾驭高端装备，依然用老心态、常规的办法去应对新问题，企业是实现不了发展的。

河钢要向高端装备要效益，将高端装备尽快转化为企业的竞争优势、效益优势，尤其是要改变重装备、轻工艺、轻技术、轻产品的历史惯性，转向重工艺、重技术、重产品的发展路径。在装备升级方面的巨大投入，要从产品上、技术上拿回应有的效益。

“河钢发展的第二阶段是产品升级，它的推手来自市场和客户端。从 2013 年到 2021 年的发展周期，坚持‘产品的高度决定企业的高度’理念，推动客户结构优化倒逼产品结构升级，实现了从装备升级到产品升级的历史性跨越。”

有人认为，河钢的困难是企业负担重、历史包袱重造成的。单纯从负担重看待企业困境问题，是一种误读，我们决不能把当前的困境简单归结为费用高、负担重。

一个企业在产品升级和结构调整中，最能够彰显出它的功底。

装备是可以花钱买来的，而产品要靠企业实力生产出来。企业产品升级的过程，真正折射出从技术到管理等各方面能力，包括人员、系统资源的调动和配置能力，体现的是综合能力。

河钢在产品升级和结构调整上蕴藏着巨大财富和潜力，河钢有庞大的产业大军，有一流的科技人才、职工队伍，这些资源让我们有条件、有实力走高端路线，进入行业第一梯队。近年来，河钢聚焦市场和产品持续发力，坚持与强者为伍，打破简单的买卖关系，与诸多世界级龙头企业共建高端材料研发中心，将研发、产品和服务嵌入下游产业链，在链条共享上形成了全新的模式，在产品端实现了历史性的突破。

只有融入高端循环的竞争，企业才更有未来。当前河钢没有哪件事比抓产品、抓品种、抓质量更为重要，我们要横下一条心，坚持走产业升级、产品高端路线，彻底摆脱低端循环的模式。这是在实现装备大型化和高端化以后，企业生存和发展的需要。

“河钢发展的第三阶段是技术升级阶段。产品升级的实践证明，河钢有能力创造无限可能，关键在于思维方式和路径选择。要充分认识到，靠投资解决问题已经到了‘天花板’，唯有科技创新和技术进步，才是企业发展的灵魂。”

综合对比中国钢铁企业与欧洲发达经济体钢铁企业的装备、技术，充分证明靠花钱能买来的优势不可靠，企业真正的优势在于核心技术。在第一、第二阶段，河钢更多地靠硬件改善来弥补短板、实现提升。在技术升级新发展阶段，要彻底摒弃靠投资支撑发展的传统路径，走一条依靠科技创新和技术进步，重新引领河钢再出发的路径。

技术升级新发展阶段，核心是赋予科技创新和技术进步新的历史使命，赋予广大科技工作者新的历史责任，实现由服务向引领的转变。对河钢来讲，这是一次机遇，也是一次选择。在这一阶段，河钢要坚持以科技创新和技术进步为引领，建立新的比较优势和核心竞争力，实现技术水平的全面提升，通过把科技创新和技术进步推到发展的潮头，重新出发创造无限可能，把河钢的发展推向一个新高度，让河钢人既以先进的装备为傲，更以先进的产品和技术为傲。

技术升级的根本就是向产品要效益。如果高端产品以牺牲成本、合格率、售价占领市场，这种发展是不可持续的。高端产品的数量不是竞争力的代名词，企业最终的竞争力，是生产成本低、产品售价高，这是由自身技术水平来决定的。未来，河钢要体现出技术团队和科技人才的分量，从科技的角度进行决策和发展，这是技术升级新发展阶段的一种改变。

第二节
『在变量中积极主动寻求放大自身优势，是「领先一步」的关键』

■ 去产能会带来一些短时期的困难，特别是要克服路径依赖带来的障碍，但拥有的是未来的发展。通过去产能，企业放弃规模路径，把精力更多放在高质量发展上，实现由追求规模向追求质量和效益转变。

■ 转型升级是历史赋予河钢的重大责任，也是历史带给河钢的重大挑战，企业在任何时候都要学会“就势借势，因势利导”。

■ 当一个企业没有退路时，必须要大胆地往前走，抬起头就会发现前面拥有一片开阔地。河钢不仅要深入推进转型升级，还要在转型中实现企业自身的发展，彻底转出一片新天地。

（一）
去的是产能　提升的是竞争力

“对待行业压减产能，河钢的态度是理性面对、积极应对。”

我国经济完成量的积累之后，进入深度调整期和转型期，必然要由高速增长转向中低速增长，这是经济发展和社会进步的必然过程。

钢铁行业经过几十年的发展，已经完成了规模的积累。快速的发展实现了数量级的增长，解决了以前需求短缺的问题，但粗放型的发展方式也造成了产能过剩。在国家宏观经济转型升级过程中，钢铁行业必须面对“去产能、减量化”，以钢铁行业为代表的过剩产能减量化是大势所趋。

钢铁去产能既是国家提出的明确要求，也是河北省钢铁产业转型升级的现实需要。作为我国规模最大的钢铁材料制造企业之一和河北省最大的国有企业，河钢主动压减产能不仅是国有企业带头贯彻落实“三去一降一补”工作要求，进一步改善京津冀环境质量的责任和担当，也是加快结构调整和产品升级，加快产业转型，全面提升竞争力的战略需要。河钢要主动作为、勇于担当，坚定不移兑现承诺，努力实现“产能要压减、产业要升级、效益要提升”。

“压减产能不仅是为了更好地生存，而且是为了更优地发展。产能压减为企业带来了新的重大机遇。”

面对去产能，不能存在靠产能规模来摊薄费用的狭隘认识。简单地依靠量的增加来降低费用，是最典型的“饮鸩止渴”，其效能远不如靠费用倒逼产业升级来得更为直接。

当前钢铁行业呈现出的产能过剩问题，属于“成长的烦恼”，必须通过高质量发展来化解。适当压减产能，能够为钢铁产业进一步推进结构调整、产业升级腾出更多空间和精力，对恢复钢铁企业竞争力和盈利能力是必要的。

追求规模效益的单一发展路径已经走到了尽头，其表现之一就是产能过剩，全行业亏损。去产能拉开了全行业从追求规模向追求质量、结构、产品的转变。未来的钢铁工业将不再以规模大小来衡量企业价值和竞争力，而是追求满足供给侧结构性改革需求，以“定制化制造”满足“个性化需求”。

压减产能不会影响河钢的竞争力，反而会让河钢在结构调整、产品升级、企业竞争力方面获得大幅提升。河钢把压减产能作为加快实现产品和用户结构升级的重大机遇，逐步退出普通产品的“低端循环”和同质化“价格战”，实现“产能压减、效益提升”的目标。

（二）
通过区位调整换个活法儿

“区位调整事关大局，是国企的责任担当，我们必须坚决维护、自觉服从，必须把思想统一到省委、省政府的决策部署上来。”

国家进入新的发展时期，势必对高密度的钢铁产业布局进行相应的发展规划和区位调整，这是钢铁企业发展需要面对的课题。

河北是中国最大的钢铁省份，河钢的区位调整，是省委、省政府深入贯彻落实习近平总书记关于“坚决去、主动调、加快转”重要指示精神的具体实践，是省委、省政府坚决和党中央保持一致，在改善京津冀地区大气质量方面作出的一项重大战略决策，是中国钢铁工业加快转型升级的重要组成部分，是河钢坚决贯彻落实新发展理念、全力推动高质量发展的行动体现。

作为在京津冀地区具有代表性的国有大型企业，河钢必须站在讲政治的高度，坚决同党中央保持高度一致，深刻认识国家和地区产业布局调整的重要意义，进一步统一思想认识，客观正确看待区位调整。绝对不能以企业的视角、局部的利益去审视和评价一个地区、一个省的重大战略。即便我们在环保治理和环境维护方面已经做了大量卓有成效的工作，但仍需通过区位调整，为城市腾出发展空间。我们必须加大力度推进区位调整，保证这项工作扎实落地。

“区位调整绝对不是‘终结’，而是转弯的机会，是河钢利用外部环境倒逼，实现转型的机遇期和窗口期。”

钢铁产业区位调整，对河钢既是挑战，更是机遇。一方面，对传统的做法和传统的路径依赖，特别是对传统的产业布局带来挑战；另一方面，在区位调整过程中，国家部委和省委、省政府高度关注并大力支持，为企业未来的发展提供有利的条件、创造良好的环境。

对于河钢来讲，区位调整不单纯是贯彻落实省委、省政府决策部署的项目，也是加快转型升级的难得历史机遇和战略窗口期。河钢要在既定政策环境下实现企业想要达到的目标，这既是一种辩证方法，也是一种智慧。

我们做任何一件事，必须认真思考要达到的最终目的，要把这种逻辑思维贯穿到转型升级全过程中。要打破惯性思维，摒弃传统经验，摆脱原来依赖的空间，用机遇的眼光将这次区位调整变成产业转型、结构升级、重建生产经营模式的重新“洗牌”的良机。

在当前阶段推动企业转型升级，是实现未来更好发展的必然选择，先一步转型就会拥有更多优势，为企业发展赢得主动。因此，我们必须拿出胆识和魄力，以更加主动的心态推动转型升级，相信换个活法儿会比现在活得更好。

河钢要抓住区位调整的重大战略机遇期，实现三大目标，提升竞争力：一是获取历史上重新布局的优势，让现有区域的产能布局更加合理，实现区位结构优化；二是产线布局和未来战略的结构布局配置更加合理，进一步消除区域同质化竞争，实现产品结构优化；三是抓住历史性调整机会，最大程度地降低债务，实现债务结构优化。

“区位调整不是一搬了之，而是要在调整中求创新、谋发展。”

区位调整让河钢拥有了在一张白纸上重新画图的机会。现在很少有哪个企业，可以在一张白纸上，对工艺配置、流程、技术、装备、管理等各方面重新画出蓝图。河钢恰恰幸运地迎来了这样前所未有的机会，可以在一张白纸上对企业进行重新摆布，所有的不足都可以利用这个机会完全克服掉。

搬迁绝不是简单的厂址移动，也不仅仅是区位的变化，而是一次脱胎换骨的涅槃。在设计、工艺、设备选型、建设和运行等各方面，都要代表现代钢铁工业最先进的元素和最先进的理念，代表未来钢铁的发展方向，每一笔都要勾勒得十分科学。新的企业必须成为河钢乃至我国钢铁行业的样本、标准和未来工厂。

项目建设期的投资将成为未来的结构性成本，要充分认识到当前每一分投资都需要在未来付出代价。一旦在建设初期形成结构上的重大问题和缺陷，就很难依靠后期的技术指标来优化弥补。现在所有的付出、所有的承压、所有的难度，都是在给未来缓解压力，必须要确保企业“轻装上阵”“身强体健”。

机制设计对企业发展的影响要远远大于自身的管理，区位调整项目要站在企业发展全局的高度，在体制机制设计之初就体现出差异化优势。如果在体制机制上存在先天不足，会极大地制约企业创造力的发挥，并且这些缺陷很难依靠管理去弥补。

在区位调整项目建设中要学习借鉴低成本优势企业项目建设的先进经验，深度思考如何通过多元投资、股权合作等先进金融手段推进项目建设，使项目站在行业最前沿，形成自身差异化竞争优势。

“面对重大的任务，河钢决不能把企业的命运寄托于别人，要永远把命运掌握在自己的手中。”

一个经济体与海洋连在一起，就等于和世界连在一起。唐钢面向未来的历史归宿是建设沿海基地。唐钢新区是用现代化理念驾驭钢铁的综合体现，承载着河钢的未来，要站在代表和引领行业的高度，将新区打造成为代表中国钢铁工业乃至世界钢铁工业先进水平的技术高地、创新高地、产品高地、智能制造高地和绿色发展高地。

邯钢新区的建设是企业发展的历史拐点和机遇期。要从建设初期就按照精品项目的定位来规划，彻底改变传统钢铁企业运营和管理模式，不仅要在设计、施工、投资等方面体现新理念，而且要在未来组织架构和运营模式、管理机制等各方面，体现出现代化企业的高度。

主业向沿海转移，不是张宣科技历史的终止，而是困难历史的结束，是自身发展时期的“二次创业”，一个全新的宣钢即将诞生。宣钢转型升级要转出战略、转出高度、转出未来，加快由传统钢铁企业向以新材料为主的新兴产业转移，把张宣科技打造成为集团由钢铁向材料、制造向服务转变的样板，打造成代表中国钢铁行业转型升级高度的典范。

对石钢而言，区位调整是重生的机会，是白纸绘新图的历史机遇期，是一个比其他企业有更高起点的机会。要格外珍惜这个难得的机遇，站在建成河钢和行业标志性工厂的高度，把石钢新区建设成为梦寐以求的未来工厂，让企业至少延续 20~30 年的竞争优势，使其成为代表中国未来短流程企业的全新样板。

衡板要以开放的态度推进区位调整。新区、老区合并不是区位的简单合并，也不是量的简单增加，必须要把物理反应变成化学反应，达到效率最大化、效益最大化。

第三节

『经历了产品竞争、渠道竞争阶段，企业进入客户端竞争阶段，未来得客户者得天下』

■ 客户端的高度决定了产品端的高度，产品端的高度才能真正代表中国制造业的未来。

■ 企业发展最大的推动力来自市场和客户。产品升级能够走多远，关键取决于客户结构优化能够走多远。

■ 河钢产业结构的调整从表层看是产品结构的提升，更深层次的是企业全要素工作的推动。

（一）
产品的高度决定企业的高度

“一个企业要想赢得尊重，靠的就是实力，靠的就是企业品牌，靠的就是产品。”

一个企业最受尊重的指标，最能体现出核心竞争力的指标，就是技术指标；最能体现出综合竞争力的，就是产品的创效能力。追求产品不仅是追求经济效益，更重要的是追求企业的高度和未来。

无论企业未来综合实力有多强，钢铁永远是河钢的主打牌。以钢铁为主业、为首要品牌的企业，如果产品没有达到相应的高度，是不硬气的。河钢要想成为巨人，必须通过钢铁产品支撑起我们的腰板。河钢无论取得多大经济效益，如果产品高度不能和世界级企业接轨，就不能成为受尊重的企业。

做人也好，做企业也好，必须拿实力说话。作为钢铁企业，我们的实力最终要体现在钢铁产品上。产品的高度会带动技术进步、管理创新、人才成长、客户端优化和软实力提升，也决定企业未来与强者为伍、与时代同行，这是企业永恒的追求。

“产品开发期、市场占有期，是要付出一定‘成长代价’的，但这是阶段性的代价。”

在产品升级和品种开发过程中，成长代价是企业间管理水平的差异、是竞争力的差异。如果过不了这道坎儿，企业就会一直陷入产品档次低，拼成本、拼费用的低端循环。一定要走出认识误区，即生产高端产品代价大，生产成本高，不如生产普通产品。

结构调整和产品升级，对生产效率和成本投入的影响是在所难免的。产品结构和客户结构的调整是需要付出代价的，小批量和高品质对生产组织、工艺控制精度都提出了更加严苛的要求。面对开发品种付出很大代价的时候，不能望而却步，要认真研究产生代价的根源，下功夫彻底解决。我们宁可牺牲一些成本和效率，也要下大力气挖掘产品的潜力。

企业走产品高端路线需要一个建立品牌溢价能力的过程，短期内会牺牲部分成本、影响售价大幅度提升，这是必须要面对的过渡期。河钢在产品端实现巨大飞跃，在激烈的市场竞争中后来居上，在价格提升方面需要有一个过程，这些都是成长的代价。在追求产品的道路上，面对新目标新领域出现的新问题，我们要静下心来看待这些“成长的烦恼”，不能无动于衷、没有解决手段，更不能碰到难题倒退到“低端循环”。

“企业既要有成本控制能力，更要有产品创效能力。成本控制是当下，产品创效是未来。”

“高大上”的企业只讲“低成本”是本末倒置，“低成本”不是错误的认识，但拥有了“高大上”之后，还只能依靠“低成本”生存就是战略错误。河钢不能没有低成本，但不能仅仅追求低成本，走好“高大上”的道路是永远不能动摇的。

企业真正的竞争力需要低端的成本和高端的产品结构。盈利水平的两个方面，一个是成本控制能力，另一个是产品创效能力，这是管理技术和人才作用发挥的两大环节。我们在产品结构调整过程中，在产品进入中高端的同时，必须高度关注价格的提升和效益的创造。

如果高端产品以高成本、高端客户以低售价为代价来获得，不仅有悖于河钢“两个结构”调整的初衷和目的，也不是可持续发展的方式。在相同的市场环境下，钢材售价低的背后，折射的是产品规格、档次、品种上存在的巨大差距，是装备潜能、技术力量潜能没有得到有效发挥。

在河钢全面推进技术升级工作中，既要保持“两个结构”优化的良好势头，也要依托技术手段降低生产成本和提高产品售价。产品升级和结构调整的最终目的是实现效益最大化，要在坚持推进产品结构升级、客户结构优化的同时，在售价提升和效益提升上有更高的追求。任何时候，企业压倒一切的是经营成果和业绩，结构调整和产品升级必须体现为企业效益的提升。

（二）
以客户结构优化推动产品升级

“河钢真正实现蜕变和脱胎换骨，改变命运靠的是高端客户群。”

21 世纪最稀缺的资源就是客户。评价一个企业的竞争力，往往通过客户端来看。客户端是高端的、有未来的，企业发展就可持续、有竞争力。

对河钢来讲，客户群是极其重要的财富，也是企业软实力的象征。对河钢产品结构最大的制约，不是在装备、技术和人才上，而是在客户端的高度上。我们与高端客户之间的沟壑，绝对不是简单的技术和装备的障碍，而是在理念和认识上与客户之间的距离。高端客户为我们提供的绝对不只是卖钢材的机会，更重要的是他们对市场、对产品的认识，极大提升了我们对自身的定位，让我们发现了自身更多的潜能。

没有市场的指挥棒，企业的发展就没有方向感；没有追赶客户的速度，企业的上升空间就会受到限制。未来，企业竞争力的差异化，在于追赶客户的速度。追赶客户速度越快，企业发现自身短板就会越多，企业竞争力提升的速度就会越快。产品升级的关键点，是必须要解决客户结构升级问题。没有高端客户的支撑，没有真正对我们敞开胸怀、放开渠道、给我们机会的客户结构，产品结构升级只能是纸上谈兵。

只有市场和客户，才能给企业的创造创新带来推动力。客户持续不断的需求，能让企业不懈创新，并走向可持续发展。未来，整合企业靠的是客户端和市场份额，而不再是资本。谁拥有客户端，谁就能够掌握整合主动权。这极有可能成为行业发展的最高端。

“企业的终极竞争是追赶客户速度的竞争，谁能追上客户的需求谁就是赢家，对待客户的态度决定了产品的价值和企业的未来。”

中国钢铁工业的转型，不是简单的装备、技术、产品升级，更重要的是钢铁企业缩短与客户之间的距离，在服务领域展示出自身的实力。企业和客户之间的关系不只是人与人、物与物的联结，还是心与心的联结；企业既要关注客户的表面需求，还要捕获客户内心潜在的需求。

一个企业产品的好与坏，不在于自我评价体系，关键在于客户的体验。有的企业产品无懈可击却最终被替代，对客户体验来讲，它不是客户所需要的产品。所以，任何一个产品的自我评价体系再好，客户不需要就等于零。当前，各行各业都在寻求改变，越来越多的贸易不再是简单的买卖关系，而是买卖双方通过贸易享受对方提供的增值服务。

面对市场的新变化和新商业模式，如果我们不去突破对客户端的认知，那么与客户之间的距离，就不仅仅是“一公里”，而是要走一段漫长的路。如果把合作看成一单生意，并仅仅落在谁赢谁输上，这是没有未来的。

在未来的合作中，河钢的定位是当好乙方，更多地为客户提供产品以外的附加增值服务。河钢与下游客户没有竞争，更多的是协同。要和客户建立利益共同体和共享平台，让客户和我们一起分享产品价值，让客户为河钢产品提供更广阔的领域，实现产品价值。树立这样的理念，我们就找到了未来对客户要做的工作。

“产品升级和结构调整对企业的考验是全方位的，建立全流程全系统的保障能力，才能满足客户需求。”

抓好产品升级，市场是推手，产线是核心，建立支撑体系是关键。当前推进的市场开发和开拓、新型客户关系的建立和与客户的对接，是为我们产品升级营造氛围和搭建平台。随着市场的推进和新型客户关系的建立，真正从生产线上源源不断生产出客户信得过、满足客户需求、稳定可靠的高端产品，是企业生存发展的根本。

未来不管河钢体量有多大，面对市场的单元依然是每条产线。产线深度对接市场、小微化生产、订制化、供应商先期介入（EVI）等，是河钢必须要走的过程。产线定位不能仅满足于出厂标准，而是必须满足客户的个性化需求，要和对应的高端客户群紧紧连在一起。

要把市场和客户开发工作摆放在所有工作的首位，这是牵一发而动全身的工作，也是一项“牛鼻子工程”。持之以恒地抓好市场和客户开发工作，生产系统和技术系统要敢向营销系统拍胸脯，无论客户结构有多么高端，产品结构都能跟着走多远。

要彻底颠覆传统的以量取胜、以规模为主的生产经营理念、生产组织模式和管理架构，构建为品种让路、为质量让路的全新管理体制。从生产组织调度系统到各岗位，都要以品种、质量、技术参数为核心。为了品种、为了产品，生产节奏必须要给质量让路，产量规模必须要给用户需求让路。

要把强化加工配送作为打通高端客户通道、实现无缝衔接的重要一环。如果一个企业的加工配送中心不掌握在自己手里，那么和客户之间的关系一定是脆弱的。打通和客户之间的通道，才能实现与高端客户无缝对接。

第四章

华丽转身：由大起来、强起来到品牌亮起来

【市场在变，适者生存。错过机会，永远只能追随；谁能抓住机遇，谁就能抢占先机，在变革中实现蜕变，成为领先者。】

当今世界的竞争，核心是科技创新实力的竞争。企业博弈的制高点，也在于科技创新实力。

用传统的思想、传统的方法对待传统产业就是死路一条，传统产业发生深刻的内涵变化后就是新兴产业。

企业的竞争力不仅要体现在产品本身上，也要体现在生产过程的绿色、对社会的责任上。河钢要用绿色钢铁让世界更美好、让地球更干净。

第一节
『由钢铁产品制造商向钢铁材料供应商转变』

■ 钢铁已远远超越了原来的认知和定位，不单是一种基础材料，越来越成为一种工艺材料。从“钢铁”到“材料”，无论从技术角度还是商业角度，都是一种超越。

■ 钢铁企业发展的理念和战略不再是独立的，而是与材料学科等全面融合发展。如何把“钢铁”做成“材料”，真正让产品成为科技和创新的代名词，是中国钢铁工业要面对的课题。

■ 河钢要进一步拓宽用钢的深度，把生产“钢铁材料”作为未来发展方向之一，寻求建立差异化的比较优势。

（一）
由“钢铁”到“材料”是大势所趋

“随着中国经济进入高质量发展阶段，高端化的定位已经到了从‘钢铁’到‘材料’的阶段，这是一种提升。”

一个行业的发展，不仅在于宏观，更重要的在于微观。基于科技进步和技术提升，钢铁不仅仅是高楼大厦、高速公路和铁路的象征，已经走进了所有人的生活，人们正在由看到钢铁向体验钢铁转变。

由追求数量、追求规模向追求质量、追求品种、追求创新和材料转变，是钢铁行业发展的必然要求。纵观世界钢铁工业的发展，国际先进钢铁企业已经把更注重金属基础属性的钢铁做成了更讲究工艺属性的材料。在高质量发展阶段，中国钢铁工业除了支撑基础设施建设外，也要在材料领域实现转型。

中国钢铁工业正在经历从宏观向微观的发展，正在由简单的钢铁产品向承载技术的材料转变，这为钢铁行业带来了更大的市场和更广阔的发展空间。未来我们的钢铁产品将会成为一种专有技术的载体，为下游客户提供专利技术，那时中国钢铁工业又将会提升到一个新的高度。

“从钢铁到材料，从制造到服务，蕴藏着更深层次的含义和要求。”

从钢铁到材料、从制造到服务，这种颠覆性的变化不仅仅是商业模式的转变，还需要捕捉国家和行业最前沿的技术。钢铁企业不再是卖钢铁产品本身，而是通过材料输出企业的专有技术。

新材料是未来高端装备制造业的基础，制造业的重大突破也将源于材料的重大提升，两者是相互作用、相互促进的。装备制造企业的创新，更多的是基于“制造”本身的创新；而“材料”本身的变化，将从根本上带动装备制造产品的突破。

优秀钢铁企业对材料的解读给了我们深刻启示。材料涉及成分问题，涉及工艺控制问题，涉及整个系统流程工艺再造问题。从出钢卷到出材料，表面看是工序链条延长，是镶嵌到下游链条，实际上却是建立在对下游产业深度研究和解读基础之上的。关注材料要从客户端需求变化出发，与下道工序的细分市场相匹配。如果材料研发没有深入到市场、没有了解下道工序的需求，势必在行业可持续发展、延续钢铁竞争力上造成缺失。

（二）
河钢加快由钢铁向材料、制造向服务转变

“从产品到材料，这是质的飞跃，是历史性的跨越，也是一种倒逼机制。”

从钢铁生产者转向钢铁材料制造商和综合服务商，必须要和我国经济发达地区同步，让我们的敏感度和触角遍布这些地区，建立起大的市场开发和对接中心。河钢的钢铁产业制造可以在华北地区，河钢的产品、理念、市场触角必须与五大经济群、发达地区同步。

由提供钢铁向提供材料转变，如果缺少分销和服务环节，会给河钢产品高端化带来阻力。河钢必须由单一的卖钢材，逐步向世界发达地区有高端技术、高端知识产权的成熟行业伸出触角，变成在世界范围内有竞争力的深加工企业。要无缝对接客户需求，赋予客户服务新的内涵，并以产品为媒介，通过 EVI 服务，用河钢的资源为客户提供更多增值服务，将钢铁产业服务链条延伸嵌入下游产业链条。要充分发挥加工配送中心的作用，不断拓展深加工领域服

务，通过实施深加工服务模式，全力满足客户需求。

推进由钢铁向材料、由制造向服务的转变，比任何时期都需要科技人才的力量。从产品到材料，给技术研发团队提出了一个新挑战，也提供了进入新领域的机遇。河钢要把营造环境、搭建平台当作重点工作来抓，将更多的科技人才吸引到关键岗位，让每一名科技人才都能在关键岗位发挥关键作用。在做好钢铁产品本身的同时，要推进“传统销售团队”向“技术营销团队”转变，围绕下道工序乃至为下游行业提供钢铁材料解决方案，进一步挖掘企业技术和创新的潜力，提高系统的材料研发能力，在未来的钢铁新材料中传递出专有技术。

在由钢铁产品向材料转变的过程中，数据的模计算、数据处理和控制精度、处理速度将起到更关键的作用。河钢要用全新的视野、思维和数字技术推动企业实现变革。

（三）
钢铁向材料转变要与时俱进形成新的整体布局和发展定位

“河钢要重新认识市场和客户的定位与内涵，以不断更新和与时俱进的理念推动‘两个结构’优化，确保结构调整与国家产业结构调整、经济社会转型发展时刻保持同步。”

近年来，河钢聚焦市场和客户，在“两个结构”优化上持续发力，在汽车板、家电板等高端产品领域具备了与一流企业同台竞技的实力。但是我们要辩证地看到，汽车板、家电板等高端产品仍基于传统的产业结构，它不是河钢结构调整的全部内涵，也不是“两个结构”优化的唯一代名词。一个制造业企业只有跟上时代发展步伐和国家产业结构的调整，才能实现先行一步。

随着国家产业结构的调整和经济社会的转型发展，特别是层出不穷的新产业新业态对铁基新材料的新需求，代表行业的未来，是一个庞大的未知领域，蕴藏着巨大的潜力，对我们来讲是新的发展机遇。河钢结构调整必须与国家产业结构调整、经济社会转型发展紧密联系在一起，我们对市场和客户的认识，也必须要不断更新、与时俱进。

面对新要求新任务，河钢要再转观念、再拓思路、再提标准，与国家经济社会发展、产业结构调整大环境紧密结合起来，对市场和客户有更加深刻和广义的认识，绝对不能局限于已知的领域。要彻底摆脱传统的路径依赖，摈弃惯性思维，消除认知盲区，坚决防止“灯下黑”。既要在经济发达地区加大捕捉力度，也要对近在咫尺的资源做到底数清。要以开阔的视野进一步深度挖掘市场和客户，在行业的变量中寻求有利于发展的元素，推动河钢在未来发展中先行一步。

“在新的发展周期，河钢决不能盲目走简单追求增量、追求效率的发展路径，而是要回归钢铁发展的本源，将品质、质量、效益放在第一位，拓宽钢铁的材料内涵。”

河钢经历了装备升级、产品升级、区位调整等多个发展阶段，拥有了世界顶级的工艺装备、良好的区位优势，企业的外部条件得到了极大优化，具备了向钢铁纵深领域推进的坚实基础。河钢作为钢铁行业领军企业，在绿色发展、结构调整、减少碳足迹等方面始终引领行业发展方向。

在国民经济进入由规模型扩张向内涵型增长转变的新周期，面对供给侧结构性改革和高质量发展带给钢铁行业根本需求的变化，河钢要进一步紧跟国家产业结构调整、经济社会转型步伐，追求更有技术含量、更具竞争力的产品，深入推进“钢铁向材料、制造向服务”转型升级，推动钢铁行业发展不断迈上新高度。

河钢要认清行业转型时期的特点，赋予“钢铁向材料转变”全新的定位。既要立足于增强企业竞争力的出发点，更要站在满足国家和行业战略需求的高度，把钢铁向材料转变作为全面提高钢铁材料有效供给、高质量供给，着力解决高端材料依赖进口“卡脖子”难题的有力手段，推动钢铁行业实现高水平科技自立自强，为构建更加自主、安全、刚性的供应链贡献河钢力量。

河钢要通过钢铁向材料转变，最大限度地释放装备、人才、技术、管理、创新等优势。在高质量发展阶段，河钢比任何时期都更加需要人才和科技的力量，必须要深度挖掘和充分释放装备、人才、技术、管理、创新等优势，真正让技术团队走到前台、发挥更大的支撑作用，使产品具有更多的技术含量和竞争价值，进一步提升企业竞争力。

河钢技术研发和营销服务系统要紧跟战略调整，对市场和客户有更加深入的理解和认识。要打破对客户结构调整的惯性思维和认知盲区，深刻认识到在开发高端客户过程中，作为传统领域的追赶者要付出代价，必须在新兴领域先行一步，成为行业的领先者。要深刻把握国家产业结构调整、经济社会转型发展的需求，在更加广泛调研的基础上，紧紧跟进层出不穷的新产业新业态对铁基新材料的需求，不断更新市场目录和材料目录，最终实现由追赶者向领先者转变。

“随着区位调整的收官，河钢进入一个全新的发展周期，由钢铁向材料、制造向服务转变，不再是以往产业链延伸的简单概念，而是全面形成新的整体布局和发展定位。”

唐钢、邯钢作为钢铁主板块的两大核心企业，要全力打造“绿色低碳、智能制造、高端材料”的现代化钢铁基地，充分释放装备工艺、技术水平、产品高度、区位供应链等方面的优势，以硬实力与一流企业同台竞争。

张宣科技、承德钒钛、舞钢、石钢要在特钢板块发力。张宣科技要寻找到全新的发展路径，最终实现由制造钢铁向服务钢铁转型，全面打造行业绿色转型的典范。揭牌成立承德钒钛，是河钢在我国供给侧结构性改革向纵深推进的时代大背景下，面向新产业、新业态对钒钛材料的新需求，加快推进“钢铁向材料、制造向服务”转变的重大举措，是河钢主体产业布局和发展定位的战略性调整，也是河钢新材料产业迈进全新发展阶段的重要标志。承德钒钛要立足新的起点，进一步明确发展定位、强化使命担当，在“钢铁向材料、制造向服务”转变中，最大限度发挥区位和资源优势，最大限度释放先进装备、专有技术、高端人才等全要素综合效能，打好钒钛产业这张牌，在产品上体现出钒钛元素带来的品质与价值，早日建成全球最具竞争力的钒钛材料创新基地。舞钢要持续打造宽厚板领军企业，扛起中华第一板的大旗。石钢要巩固特钢市场的优势，成为极具竞争力的标志性特钢企业。

挂牌成立河钢材料院，是河钢在国家经济进入高质量发展全新周期背景下，积极响应国家供给侧结构性改革的具体行动，也是河钢适应钢铁行业进入深度调整期作出的战略决策。河钢材料院致力于打造铁基及钒钛材料原创技术策源地和应用创新高地，建设行业领先、国际一流的应用技术研究院，加速“钢铁向材料、制造向服务”转型升级，抢占未来材料技术发展制高点。

河钢衡板、河钢新材要把经营重点集中在材料领域，拓宽思路、大胆创新，扩大体量，提高市场占有率，全力放大品牌效应，进一步挖掘发展空间，在整个生产经营中增加自身分量。

河钢工业技术、河钢供应链、大河钢构、河钢数字等单位要依托河钢的品牌和产业链，布局更多的领域，整合链接更多的资源，不断壮大战略性新兴产业，打造河钢发展新的战略支撑。

第二节

『由传统产业跟随者成为新兴产业领先者』

■ 用传统的思想、传统的方法对待传统产业就是死路一条，传统产业发生深刻的内涵变化后就是新兴产业。对待变化后的“传统产业”，不同的理念、不同的认识角度和不同的技术，会让传统行业演变成全新的行业。

■ 随着经济社会的进步、商业模式的转变以及发展理念的提升，钢铁不再是简单工业产品的概念，而是囊括了社会中科技、人才、创新、金融等现代元素。

■ 现在是全要素竞争的时代，企业拼的是综合实力，仅仅靠一两个传统优势是无法支撑企业可持续发展的。

（一）
赋予钢铁新内涵

“作为传统的钢铁制造企业，要成为行业的佼佼者，必须解决思想意识问题，必须在商业模式中输入新的思想观念和新的思维模式。”

在经济增长速度换挡期和经济社会转型期，所有行业都变成了完全市场化、完全商品化的行业，已经不存在真正意义上的“垄断”和“差异化”。当传统的行业已经成为完全市场化的行业，当我们面临的竞争态势已经由长周期竞争变为几乎瞬息万变的短周期竞争时，持续保持企业的竞争优势，必须具备与世界和行业同节拍的思维方式、思想观念。

万物互联的智能世界，给企业差异化带来了全新的途径。一旦拥有了这些途径，企业便具备了新的核心优势。未来的差异化，就是谁能够更加领先一步，谁的适应能力更强、思想意识更加领先。

进入经济发展新阶段，钢铁工业新的机会是什么？是“把曾经做过的事再做一遍”。这句话以极其通俗的语言，让我们领悟到，一件做了多年的事情，在新的平台上，以新的理念和新的方式重新做一遍，把资源进行重新配置，这就是创新，这就是机会。

河钢是一个传统的钢铁企业，但河钢的理念必须是先进的，要通过打破传统的经营思路和经营理念，和现代化的市场完全对接，把传统行业发展成为新兴产业。要在思想认识、转变观念上进行突破，紧盯经济社会领域和钢铁行业发展中涌现的各种创新和新业态。它们离钢铁很“近”，会让传统的钢铁行业覆盖上社会最活跃的元素，让钢铁的内涵实现完全现代化的转变，更具活力、更有竞争力。

“如今钢铁被赋予全新的内涵，既符合新时代经济社会的发展方向，也凸显科技、人才、管理、创新、商业模式、互联网的力量。”

随着经济社会的进步、商业模式的转变以及发展理念的提升，中国钢铁工业的内涵已经发生巨大变化，钢铁不再是简单工业产品的概念，其竞争力已经不仅仅在于钢铁本身。

中国钢铁工业在高质量发展时期，拥有了全新的发展机会和科学的发展路径，对多年来发展中形成的人才优势、技术优势、管理优势、创新优势，以及组织架构优势进行全要素的总动员，更加凸显出人才、科技、创新、市场化的力量，更大地激发出要素中蕴含的潜能。

承载低碳、绿色、智能多种创新元素的未来钢铁，是支撑和维持未来社会可持续发展的必要一环。如今，钢铁工业正在加速汇聚世界最先进的技术力量和最丰富的创新元素，向“绿色、智慧、全球化”迈进。

在中国钢铁工业新的发展时期，我们要借鉴已经走在发展前列的其他行业的先进经验，在核心技术研发、资源配置、系统配套、品牌培育上下功夫，这种全新的模式为钢铁企业发展提供了新选择。

（二）
河钢要在新领域抢先一步，实现赶超

“在发展的重大变革期和机遇期，河钢推进非钢产业发展，其战略定位已经到了如何支撑河钢的可持续发展、决定企业生死存亡的高度。”

河钢全力打造最具竞争力钢铁企业，非钢产业是“先行者”和“重大支撑”。科学定位非钢产业，对企业进一步适应国家宏观经济转型和钢铁产业深度调整，极具历史意义。非钢产业的发展，不仅仅是为了削减钢铁主业附加成本、还原钢铁主业先进性，更重要的是要反哺钢铁主业，成为能够参与社会竞争的市场主体，促进河钢竞争力的全面提升。

发展非钢产业绝对不是要放弃主业而盲目进入不熟悉的其他行业。最大限度用足用好钢铁生产当中沉淀下来的全部资源、最大限度提高其效率和利用率，是河钢在推进非钢产业发展当中最核心的内容和根本思路。河钢非钢产业发展，是围绕钢铁产业链条，或与钢铁相关联的行业开展工作，绝不是投资干不熟悉的行业，而是要把存量资产盘活，提升资源、资产效益，加大力度引入社会资本。

河钢发展非钢产业不是减员、分流、下岗，而是要厘清非钢与主业的界限，理顺现有线条，以削减钢铁主业附加成本为主线，重点盘活闲置资源、资产，优化人力资源结构，实现非钢与主业的相互耦合、协同发展。河钢未来寻求新的增长方式，要以钢铁为基础，立足于多元发展和产业链延伸，把追求立体化发展作为真正做大做强的根本路径。

“在新一轮经济发展转型期，涌现出很多新业态、新产业，河钢要从传统行业的跟随者，变成新行业的领先者、领跑者。”

河钢要成就面向未来的发展，向世人、国家和民族贡献一个最具竞争力的大型跨国集团，成为一个以钢铁为载体，囊括现代工业服务、城市服务等诸多新兴产业的领军企业。河钢人必须要有这样的斗志和志向。

河钢未来的走向是在做精做强钢铁主业上继续发力，但也要有进有退。“进”就是紧紧盯住行业最前端的材料，集中精力在新兴产业、增材制造、新能源等方面有所作为，用世界的眼光把更多的资本和力量投放到更有竞争力和前景的市场中去。“退”就是保留高端的技术、产品、客户，退出低端同质化竞争领域。

河钢已经下定决心，要有胆识、有魄力和战略定位，举全河钢之力，进入战略性新兴领域，并将现代工业服务业板块打造成为河钢转型升级和向战略性新兴领域推进的平台。依托这一平台，河钢将打造一个和战略性新兴产业相适应的全新领域，加快培育河钢高质量发展的新动能。

河钢在战略性新兴产业上，要重点发力工业服务领域，当河钢真正下决心向现代工业服务迈进的时候，越来越感觉到这一领域更宽、机会更多，不仅能够解决河钢当下的困难，还能带来实现转型的全新路径和更加广阔的空间。

“战略性新兴产业正在成为河钢弯道超车的机遇。发展战略性新兴产业，要下足功夫壮大走得好走得快的重点板块，不断增强面向未来的发展优势。”

河钢国际作为一个轻资产企业，通过持续创新经营模式和运营机制，实现了由供应链向价值链、创效链的跨越。未来，河钢国际要以“敢为天下先”的开拓理念，瞄准打造“嘉能可”的目标，进一步拓展业务和扩大规模，在贸易领域做更大的“加法”，通过嫁接更多的资源和手段做大做强。

河钢物流要在嫁接社会资源和配置现有资源上下足功夫，一方面把河钢现有的资源变成公共资源，最大限度释放其潜能；另一方面要把社会资源变成河钢配置的资源，让碎片化的资源达到有效链接和配置。未来，河钢物流要立足河钢、走出河钢，在资源配置和服务对象上超越河钢范畴，走向京津冀地区乃至全国，真正实现由大到强。

供应链金融作为全新的朝阳产业，既是河钢巨大的效益增长点，也是全面推动现代化管理的变革手段。河钢金融要增强把供应链打造成价值链的思想认识，树立“胸怀有多宽、天地就有多大”的志向，依靠链接和资源匹配，建成立足河钢、涵盖京津冀的供应链平台，朝着实现“万亿级产值、百亿级利润”的宏伟目标迈进。

在万物互联的物联网、5G 时代，河钢数字要进一步明确自身角色和发展定位，发挥前沿高科技公司作用，围绕河钢主营业务，聚焦数字技术赋能产业生态，努力成为产业互联网、工业互联网和物联网生态建设的技术先行者和领军者。

河钢工业要彻底摒除依靠投资驱动发展的思维，树立“使用资源强于占有资源”的理念，以主动超前的作风、创新和担当的意识，依托河钢产业链条，积极深化战略合作，整合配置战略协同资源，在新材料、新能源、节能环保、高端装备制造、冶金技术服务等领域实现新突破。

作为在市场刀尖上的起舞者，河钢新材要始终处于客户需求的最前端，深度解读世界级家电企业对物联网生态、“人单合一”管理模式、客户体验的认识，以强大的科技创新水平彰显自身的价值创造能力，站在行业科技和创新制高点上，担当起世界顶级家电企业颜值引领的责任。

第三节 『由绿色制造向制造绿色转变』

■ 钢铁离不开世界，世界也需要钢铁，绿色低碳的钢铁一定会让世界更加美好。我们要向世界展示钢铁人的责任和担当，把可持续的钢铁产品奉献给全人类。

■ 未来，企业的竞争力不仅要体现在产品本身上，也要体现在生产过程的绿色、对社会的责任上。

■ 环境问题实质是资源和能源利用问题，污染从根本上讲是对资源能源的巨大浪费，废弃物是放错了位置的资源。

（一）

践行绿色低碳发展是责任使命，也是现实要求

“对于钢铁产业，绿色转型早已不是‘可选项’，而是如箭在弦上的‘必选项’。”

随着自然环境约束的收紧和社会对环境认知的加深，绿色低碳发展已经成为我国走新型工业化道路、调整优化经济结构、转变经济发展方式的重要动力。特别是“碳达峰、碳中和”目标的提出，让中国绿色低碳发展进入了“快车道”。

未来，绿色低碳发展将对钢铁行业产生深远影响，甚至带来广泛而深刻的生产、消费、能源和投资革命，进而重塑全行业乃至经济社会发展格局。如果创造了人类历史钢铁奇迹的中国钢铁工业能够因势而动，把握机遇，引领全球产业绿色低碳转型，则将为人类文明进步作出不可替代的贡献。

源于科技进步的强劲推动作用和资源环境的强大约束作用，中国钢铁工业不仅在规模和效率方面实现了指数级的变化，更是在节能减排、绿色低碳、智能制造方面引领了世界钢铁工业的发展和潮

流。绿色低碳发展成为推动中国钢铁工业健康发展的根本要求和高质量发展的重要内容、关键体现和终极目标。

人类对高质量生活的美好追求，正在呼唤着新的钢铁工序、新的钢铁创造。站在可持续发展的高度，中国钢铁工业将以低碳为统领，紧跟技术革命、数字驱动、绿色协同三大趋势，坚持市场在资源配置中的决定性作用，加快推进减量化、绿色化发展，在绿色制造上下功夫，除了生产流程的绿色外，也要关注工艺创造和能源使用本身的绿色，更重要的是在重大技术、工艺流程、能源结构上实现突破，推动新一轮更高质量的供给侧结构性改革。

“作为京津冀地区最大的钢铁企业，河钢坚定不移地践行习近平生态文明思想，既要成为绿色发展的担当者和实践者，也要成为受益者。”

保护好这个星球的环境，是全人类共同关注的话题。企业在获取经济效益的同时，为社会、自然界作出什么样的贡献，是我们必须要深刻思考的问题。特别是作为能源类、原材料类的企业，在关注经济数据的同时，也要在碳减排、气候变化、环境保护等方面关注自身的责任。

减少碳排放、碳足迹是一个系统性工程，未来我们需要走一段艰苦的路，在此过程中不仅要面对创新问题，也要面对经济问题、效益问题、可持续发展问题，关键是看企业要用什么样的态度、方式真正融入全球减少碳排放活动中来。

对于国有大型企业的定位来讲，既要追求经济效益，更要注重政治担当和社会责任。河钢要坚持走生态优先、绿色低碳的发展道路，在高质量发展时期把整个企业的定位与落实国家战略、发挥社会功能紧紧结合起来，加快推进河钢绿色低碳发展行动计划，创新探索钢铁行业碳达峰、碳中和的实现路径，努力为中国钢铁工业低碳、绿色、可持续发展树立典范，为打赢蓝天保卫战、实现国家“碳达峰、碳中和”目标贡献河钢智慧和河钢力量。

（二）
做绿色低碳发展的引领者

“河钢始终立足于为人类文明制造绿色钢铁，把绿色发展作为最核心目标来追求，坚持做行业绿色转型的引领者、探索者。”

绿色发展是理念，更是实践；需要坐而谋，更需起而行。作为我国乃至世界钢铁行业绿色发展的典范，河钢深刻认识到自身所担当的责任和所处的历史地位，实施绿色制造，生产绿色产品，实现绿色发展，坚定不移走生态优先、绿色低碳的高质量发展之路，这是河钢持续健康发展的必然选择。

河钢坚定“人、钢铁、环境和谐共生”的理念，坚持“生态优先、绿色发展”，进一步深化“绿色制造、绿色产业、绿色产品、绿色采购、绿色物流和绿色矿山”六位一体总体布局，构建适应生态文明要求和制造强国战略的钢铁企业绿色发展路径，推动钢铁绿色发展、可持续发展和高质量发展。

在后钢铁时期，河钢的绿色发展不能仅仅靠回收利用和生产流程实现减排，必须通过重大工艺改造来实现。未来，河钢要在重大技术改造、能源介质、重大工艺革新上留下印记，围绕钢铁的能源和资源做足文章，最大限度地体现绿色能源和循环利用。

“发展氢能产业正当其时，河钢这样的大型国有企业在推动能源结构调整方面担负着重要的历史责任，必须率先垂范。”

氢能是 21 世纪最具发展潜力的清洁能源，是人类改善能源结构最重要的战略方向。我国已经将氢能发展提到国家能源战略层面的高度，冶金行业和气体接触密切，工业基础扎实，是氢能应用的重要载体。

作为京津冀地区特大型钢铁企业，河钢大力发展氢能产业，对提升区域环境质量、改善能源产业结构，具有重要的战略意义和现实意义。河钢应当抓住历史性机遇，敏锐捕捉氢能推广应用中技术、商业模式、市场等一切前沿的东西，进行氢能发展战略布局，保持在氢能产业发展中的领先地位，在国家氢能推广使用方面贡献力量，为新时代河钢发展奠定基础，引领京津冀地区零污染、零排放物流体系建设，树立全球冶金行业的绿色制造新标杆，为实现青山绿水、碧水蓝天的生态建设目标作出应有的贡献。

氢冶金技术的创新与应用，将带来传统钢铁冶金技术的革命性变革，使钢铁生产摆脱对化石能源的绝对依赖，从源头上解决碳排放问题。对企业来讲，这既有重大政治意义，也有现实意义。

河钢积极主动融入国家战略布局，持续探索氢能冶炼技术的解决方案，加快推进全球首例 120 万吨氢冶金示范工程建设，业内率先在化石能源替代、氢能源开发利用等方面进行深入探索，从“减排”向“零排”转变，引领传统钢铁冶炼技术的创新与变革，勇做实现碳达峰、碳中和目标的实践者和推动者。

河钢投运氢能重卡，为氢能车辆的市场化运营推广奠定了坚实基础，也为我国氢能产业的发展开辟了一条除城市公交、城市物流以外，全新的服务于工业企业的重卡运输示范道路。未来，河钢将以氢能重卡示范应用推广为切入点，构建氢能重卡“研、产、用”全产业链生态示范圈，具备氢冶金、制氢、储氢、加氢、用氢技术输出及涉氢装备制造能力，打造京津冀地区氢能产业聚集区高地。

第四节 『由传统制造向数字化转型』

■ 数字技术和智能制造的广泛应用，正在把人类文明由宏观向微观推进，而且能让有限的资源创造最大的价值。

■ 智能制造给中国钢铁工业带来的不是简单的指标改善，而是一次实现指数级变化的大变革。

■ 新一代信息技术的蓬勃发展，为河钢全面推进的经营模式、商业模式、生产组织模式、服务客户模式重大创新提供了强大助推力，将引领河钢实现历史性转变。

（一）
钢铁气质，因数字而变

“新一代信息技术正在把无形资产变成有形资产，彻底颠覆传统模式，给传统思维方式带来了挑战。”

数字和工业互联网为我们提供的不仅仅是资源配置、效率本身等直接的变化，更重要的是创新的思维和全新的商业模式。工业互联网出现之前，技术进步和创新听起来完全是庞大的系统工程，但在此之后，“创新”就成为一种“顺序”和“组合”的变化。

5G 技术的出现，让人们即时的想法和理念介入流程控制之中，呈现为一种“立体”的真正意义上的智能。未来以 5G 为代表的数字技术将会对各个行业实现颠覆性的创新，这种创新不仅仅是效率的提升，更重要的是产品从宏观向微观转变带来重大的改变。

有的东西过去认为不重要，是因为没有用到它；有些东西过去没有关注它，是因为没有把它放在重要位置上。数字技术对工艺、控制精度、质量完善、响应速度、客户体验所带来的变化，远远超出我们对数字技术本身的认知。

在适应社会经济发展大环境的过程中，作为传统制造企业的管理者和驾驭者，不能依赖传统和经验，经营理念、经营手段必须与时俱进，与当前全面推进的数字化技术相结合，保持企业旺盛的生命力，这对我们每个人来说都是巨大的挑战。

进入数字时代，我们不能思想僵化，很多新理念、新思维要及时跟进。我们必须树立互联网意识、互联网思维，推进新一代信息技术和钢铁制造深度融合。

“随着中国经济由高速增长阶段转向高质量发展阶段，中国制造业发展也从宏观向微观转变，数字技术将会对中国钢铁工业实现颠覆性的创新。”

中国经济和中国制造业的高质量发展，为数字技术和互联网工业带来了新的平台和机遇。从追求产品的基本性能到高品质，最终到人性化的客户体验，这个过程为传统行业提供了成长空间，同时也为数字技术和互联网工业的发展带来了巨大潜力。

新一代信息技术已经被国家列入“新基建”范围，是未来整个经济社会发展的基础，数字技术在工业领域的应用大有可为。当前，人们越来越关注工业互联网、智能制造给社会经济发展带来的新变化，未来在中国的经济领域特别是实体经济领域，打造工业互联网具有广阔的发展前景和潜在的经济价值。

数字技术和智能制造为钢铁行业在效率提升、能源消耗、质量稳定性等方面带来重大改变。在人类进入数字化时代的今天，自动化、信息化、数字化技术与钢铁制造完美结合，使得钢铁生产变得更安全、更高效、更智能、更环保，让钢铁产品排放更少、品质更优、成本更低，更好地服务于传统及新型基础设施建设和先进制造业，促进经济实现高质量发展。

随着智能制造的应用，钢铁行业原先实现不了的工业场景将变成现实。自动化水平、智能制造水平的提升以及工业互联网技术的应用，对钢铁行业来讲，不仅能提高效率和质量，而且在应对突发性问题上能发挥至关重要的作用。

（二）
河钢要淬炼一副数字化“钢筋铁骨”

“面对数字技术与制造业的跨界深度融合，河钢要在新一轮科技革命真正进入工业领域并迎来大发展的时代走在前列。”

河钢要紧跟以数字化、网络化、智能化为特征的新一代信息化浪潮，认真研究钢铁产业与数字经济的深度融合，系统思考工业互联网、智能制造对整个钢铁产业形态和模式带来的改变。

河钢的数字化转型就是要把5G、数字孪生、边缘计算、人工智能等最先进的新一代信息技术，与钢铁制造进行深度的融合，在此基础上推进数字化、网络化，最终实现智能化的发展，这是河钢数字化转型的主要方向。

当装备达到较高水平之后，要想更好提升装备能力、补齐短板，要靠互联网和自动化这些手段去实现。河钢紧贴生产流程中的工业场景，致力于运用数字技术解决产线上的关键问题，通过工业互联网平台推动产业升级，这是河钢数字化转型的未来路径。

未来，河钢将打造成一个基于数据驱动的智能制造体系，既包括钢铁自身的智能化，也包括用户和关联产业的智能化、智慧化，以及人的理念转变和能力提升，成为代表钢铁工业未来发展方向的、基于智能制造的智慧企业。

“河钢要全面推进基于数字化的转型探索，实现数字化时代企业管理与商业模式的创新。”

河钢要加快建立适应新时代高质量发展的发展方式和商业模式，围绕质量变革、效率变革、动力变革，将互联网技术、大数据、智能制造等与工业化深度融合，大力推动管理、技术和商业模式创新。

在数字化时代，管理要靠信息化手段和平台手段。随着数字化技术的广泛应用，传统的管理方式正在被全新方式取代，钢铁工业越来越智能。河钢的管理也将转变为平台化管理和数据链条管理，靠信息化手段和平台手段来实现，做到“形散而神不散”。在新冠肺炎疫情发生期间，数字化解决方案成为河钢应对危机的重要选项和手段，解决了远程操作、线上交易等多种问题，充分显示出了优越性，让钢铁企业遭受了最小的损失，体现出了较强的韧性。

应用大数据、物联网、云计算等新一代信息技术打造平台化、扁平化管理模式，是数字化时代企业管理创新与商业模式创新的必然趋势。河钢要利用数字技术、互联网技术，让所有的业务流程和资金流动，在平台上全部可视、全部可追踪，实现由行政化管理向现代化管理转变。

无论是当前还是未来，河钢的创新都来自客户端。我们要通过严谨的数字技术，让“离散型”的传统客户管理真正转变为“数字型”客户管理，为客户带来更好体验。

第五节 『由技术跟跑向创新领跑转变』

■ 当今世界的竞争，核心是科技创新实力的竞争。企业博弈的制高点，也在于科技创新实力。

■ 企业核心竞争力靠花钱是买不来的，拥有更多自身专有技术才更具市场价值，在激烈的市场竞争中才更具生命力。

■ 真正代表河钢未来高度的是产品和科技的高度，这不仅让我们拥有了竞争力，而且能在担当国家角色、实现社会价值中发挥更大作用。

（一）

唯有科技创新和技术进步，才是发展的灵魂

“走好技术进步和科技创新这条路，钢铁行业能够更好做强做优。”

钢铁行业未来发展最大的瓶颈不在装备和工艺层面，而是在技术层面和成果转化层面，这是中国钢铁工业未来要面对的课题。随着我国国民经济发展进入新的阶段，对钢铁的需求不再是简单地满足基础建设。钢铁行业要实现转型升级，必须加快技术创新步伐，必须靠技术进步和科技创新激发活力、培育动力。

钢铁行业无论是产品升级还是结构调整，无论是智能制造还是绿色发展，都要依靠更高水平的技术支撑。目前许多世界高端钢铁企业的产品已经不再局限于钢铁本身，而是承载着这个企业的专有技术。未来中国钢铁企业也会走向这个周期，由生产“钢铁”转向生产“材料”，并通过材料向下道工序传递专有技术，这是技术本身更深层次的含义。

科技随着时间的推移会逐步转变为经验和习惯。所以，要不断

地加强技术储备，不断地寻求下一步的改变，以强大的科技和创新能力引领未来。我们要加快技术进步与科技创新的步伐，特别是要加强革命性、颠覆性的“前沿和关键核心技术”的研究，以科技创新和技术进步推动产品升级和产业升级，为钢铁产业发展注入不竭动力。

“一个企业最受尊重的指标、最能体现出核心竞争力的指标，就是技术指标。”

科学技术可以拓展成长空间，当技术成为引领时才能走得更远。未来，企业的高度和核心竞争力必须依靠创新和技术，这是压倒一切的关键所在。

当一个企业放弃了对科技进步的追求、对创新的追求，这个企业就会没有出路。如果把竞争力永远建立在成本优势上，那么技术创新是没有动力的，企业也是没有未来的。

一个企业的转型，或者一个新领域的介入，要站在以科技为引领、以创新为手段的高度上。从企业可持续发展和领先一步的角度来看，要想持续提升既有优势，必须以科技进步加快转型步伐。

一个企业对技术的认知程度，折射出自身所处的发展周期。追求技术创新是企业未来可持续发展的唯一路径。

提升科技支撑能力，需要企业以更大魄力推动开放式创新，汇聚整合全球创新资源，加快适应和引领新一轮科技革命和产业变革的潮流。

（二）
河钢的高度和社会认可度，要靠技术来支撑

“河钢要想真正成为一个世界级的、最具竞争力的钢铁企业，发展必须要追求技术、追随技术。”

从发展历程来看，河钢实现了装备的大型化、现代化，但从装备到产品、装备到竞争力，需要更多的技术含量，需要依靠技术、创新层面的“软实力”来支撑。

在约束变量增多的情况下，产业、产品创新不再是全部内容，业态、模式的创新将更加普遍。河钢要真正实现突破突围、发展壮大，唯有打破技术进步和工艺创新这个屏障。

河钢已经进入全新的发展阶段，比以往更加需要倚重科技突破和创新驱动，亟待通过技术创新，实现装备优势向产品优势转变、规模优势向品种质量优势转变、企业重点依靠资金支持向重点依靠技术支持转变。

河钢拥有庞大的技术团队，拥有科技资源、技术资源等一流的硬件条件，这是一笔巨大的财富。将这些能量和潜力释放出来，不仅能够改善当前的经营状况，更重要的是能够支撑起企业的未来。

“河钢未来价值和成长性离不开科技引领和技术创新，这是构成河钢走向更高发展阶段的新支撑。”

河钢的高度是由企业科技水平和产品高度来决定的。在河钢发展进程中，不仅要完成企业的基本功能，还要自觉承载行业设计高度、工艺高度和技术高度。河钢未来的竞争力就是技术创新，要依靠技术和创新解决问题，通过提升软实力让企业进入一个新的成长期。

技术是潜移默化的一项工作，河钢的技术进步，每一天都要有新的变化。河钢的研发能力、科研成果的转化能力一定要跟上企业的发展，为企业面向未来的发展打造差异化竞争优势。

河钢的技术创新更重要的是实现客户导向型的创新，技术力量和技术研发以客户需求为指挥棒，研发投入以客户未来的发展为引领。要在做深做细做透钢铁产品的基础上，以钢铁作为基本原材料，形成我们自身的高科技企业。

第五章

世界河钢：以更加开放的姿态拥抱世界

【河钢要成为践行“走出去”战略、“一带一路”倡议的重要力量，要做我国钢铁行业国际化发展的领军企业，在打造开放型经济中展现新担当新作为。】

河钢要按照『全球拥有资源、全球拥有市场、全球拥有客户』的发展定位，做『世界的河钢』。

在企业全球化进程中，最重要的就是自身的成长性和顺势而为的能力，拥有了这种能力，在任何一个地方都会培养出自身的竞争力。

要想成长为巨人，必须与巨人打交道。与强者为伍，才能获取更多的学习和提升机会。

第一节

『带着坚定的信心、过硬的本领和品牌价值「走出去」』

■ 经济全球化是当代世界经济的重要特征之一，也是世界经济发展的重要趋势。它对每个行业来说，既是机遇，也是挑战。

■ 河钢的全球布局不是产能输出和简单扩张，而是要参与全球高端市场竞争，这是企业发展的需要。

■ 在企业全球化进程中，最重要的就是自身的成长性和顺势而为的能力，拥有了这种能力，在任何一个地方都会培养出自身的竞争力。

（一）
国际化发展是必由之路

“经济全球化已经成为一种不可逆转的历史客观趋势，影响着钢铁产业全球化发展方向。”

在中国成为世界第二大经济体之后，中国经济需要更好地融入世界经济发展，世界经济发展更离不开中国经济发展的驱动。全球经济一体化和“一带一路”建设，为中国企业“走出去”创造了空前有利的条件，让中国企业拥有了更大的发展空间。

全球化是人类集体智慧的结晶，也是一个伟大的创意。它会让全球有限的资源实现最佳配置，释放出最大效能。钢铁产业是全球配置资源的产业，从“资源整合配置和贴近市场”的角度来看，走国际化发展道路，加快推进“国际、国内协同发展”，是大势所趋。

中国钢铁工业发展到今天，不能只局限于本土的竞争，而要着眼于在世界钢铁舞台上发挥更大的作用。中国钢铁具有全球资源要素互补和产业链协同的显著特征，伴随中国经济结构的深度调整和世界钢铁产业发展格局的不断变化，快速发展的中国钢铁工业迫切需要“走出去”。

中国钢铁工业“走出去”，绝对不是因为产能过剩，更不是廉价劳动力和简单的资本、技术输出，而是因为中国钢铁企业有了绝对的实力。钢铁企业“走出去”实施全球产业链布局，提高全球资源配置能力，是产业升级的规律。

中国钢铁工业和世界发达经济体的钢铁工业处于不同发展周期，世界钢铁工业走过的道路对我国钢铁工业极具参考价值。中国钢铁工业面临的困难和压力、承受的种种挑战，都能从发达国家的发展历程中得到印证。中国钢铁工业一定要借鉴世界发达经济体钢铁工业不同发展阶段的经验，以“钢铁全球化”增强协同发展优势。

“国际化发展是河钢在国家战略层面的一种担当，也是企业实现可持续发展的新支撑、新路径。”

走过改革开放波澜壮阔的 40 多年，钢铁产业已经成为我国最成熟的基础产业，也是全球最具竞争力的基础产业之一，特别是我们对环境、成本、能源效率的理解，比一些起点较高的西方企业更加深入，更懂得怎样去经营一个企业。与其说这是一种自信，不如说是中国钢铁企业具备了在全球任何一个区域与任何一家企业竞争的实力。这是值得我们这一代钢铁人为之自豪的。

经过改革开放的快速发展，河钢作为大型国有企业，已经具备雄厚的产业发展优势，对河北省乃至对国家的贡献不仅仅局限于经济领域，因为我们拥有太多的资源、太多的责任去超越经济本身作出更多的社会贡献。河钢已经具备了与境外同行进行竞争的能力，可以大胆地讲，河钢的经营理念、产品能力、技术团队、营销网络，可以在全球任何一个区域充分参与竞争。河钢“走出去”恰逢其时，必须加快“走出去”步伐，在世界范围内配置资源，在全球拥有自己的市场和客户。

从全球竞争的角度看，一个企业的核心竞争力不单纯是技术和管理问题，而是从供应链资源配置到客户端，再到产业链融合的系统工程。在与西门子、浦项等国际一流企业交流合作中，我们深刻体会到，要真正成为一家能够高效配置资源的跨国企业，必须“走出去”经历全球化的洗礼。国际上有较高竞争力的一流企业，都经历了从产量到规模、从产品到客户的认知深化过程，经历了从单个企业竞争到深度融入产业链的协同发展。

从宏观来讲，我国作为世界第二大经济体，推进民族工业和国有企业加大全球资源配置，是国家战略；从企业来讲，河钢要想快速发展，要想成为最具竞争力的企业，就必须“走出去”，就需要融入世界，参与全球资源的配置。这不仅是一个钢铁企业置身国内实施“差异化”战略的体现，同时也是一个行业置身全球对世界经济的贡献。这是河钢未来发展的需要。

寻求国际化发展路径，与河钢的重新定位密不可分。河钢“走出去”的时候，明确提出，要在全球拥有资源、拥有市场、拥有客户，树立起“‘走出去’的同时要更好地带回来”的理念，力求从资源配置、客户管理、人才、技术等方面得到全方位提升。通过参与国际市场同步竞争，可以更快消除同世界先进钢铁企业存在的差距，更好地融入国际市场，收获超越“经济价值”的可持续发展的动力和创新能力。河钢深入收购企业的每一个环节，真正了解它、认识它、读懂它，不是为了改变和颠覆，更不是要把海外公司变成传统国企的一个翻版，而是我们推进海外公司未来健康发展、保持河钢对海外企业掌控力的责任，也是实现中外优势互补、在国内打造国际先进企业“中文版”的需要。

（二）
“走出去”的河钢实践

“企业‘走出去’的时候，不仅要了解自己，更要了解别人。成功‘走出去’首先要解决好认识问题，即要知道自己想要什么，同时能给对方带来什么。”

中国古人云：“授人以鱼，不如授之以渔。”在全球经济竞争越来越激烈的情况下，一个真正拥有持续竞争力的企业，必须是一个包容性的企业。河钢“走出去”的初衷不是简简单单地追求通过资产增值获利，更不是仅仅为转移产能或是占有资源，而是整合各自所长，谋求合力发展。

“共赢”是河钢在海外发展过程中始终坚持的理念，即让被收购企业越来越好，给予其可以预见的光明未来。同时，在国际化进程中，河钢要创新借鉴世界先进企业的经营理念和商业模式，完善提升自身管理水平，实现全球化发展。

河钢积极主动融入全球经济体系，让自身成为一个更加开放包容、充满担当精神的世界级企业，不断向全球传递出正能量。河钢“走出去”，不仅是要建成钢铁项目，更重要的是把中国钢铁行业先进的技术、装备，以及节能环保、绿色制造和企业管理的经验带到所投资的地区，给当地的钢铁行业带来更大的提升。

河钢占领国际市场，不能单纯以“出口”的概念来定位，而应该以市场分布与国际份额来对待。我们要不断加快海外布局，统筹利用国际、国内“两个市场、两种资源”，提高企业综合竞争实力和抗风险能力。

河钢在国际化布局当中学习到了许多西方先进钢铁企业对客户、服务、技术等方面的认识。河钢在收购德高过程中充分了解到了渠道的重要性，并随之完成了渠道收购的又一案例——收购海尔特钢，并为海尔提供钢铁材料的制作和设计，成功构建起两大工序上下游之间工序嵌入式的合作模式。此外，在国际化发展过程中，河钢对于高成本倒逼高端发展路径也有了更深刻的理解，强化了企业真正的核心竞争力在于对技术和创新的认识，进一步推动以技术升级提升企业核心竞争力，实现企业高质量发展。

“河钢要勇做我国钢铁行业‘走出去’的领军企业，加快全球化布局，成为一个全球性的企业，做‘世界的河钢’。”

河钢的发展战略目标是成为全球性跨国公司，当河钢在全球拥有成熟的钢铁企业、成熟的深加工企业、成熟的资源、成熟的商业网络的时候，我们可以自豪地讲，河钢就是全球性企业。

河钢要以全产业链的视野着手全球化的战略布局，按照“全球拥有资源、全球拥有市场、全球拥有客户”的发展定位，努力构建基于全球营销服务平台、全球钢铁制造平台、全球技术研发平台的竞争优势。

河钢要稳步推进产业链横向拓展和纵向延伸，着重在“一带一路”沿线国家寻求可行投资项目，做大做强钢铁制造平台，使我们的产品、技术、海外布局、员工团队、能源、环保水平、社会贡献率，都达到与品牌相符的高度。

河钢要注重拥有自己的国际化网络，通过平台收购和渠道占领，在资源配置、商业平台、资本运作、商业信誉等方面形成优势，为快速成为全球性企业提供有力支撑。

河钢要认清日益复杂的国际形势，密切关注国际环境对企业的合规要求，切实加强方方面面的风险控制和合规经营，并在与境外企业的合作中，把尊重和合规贯穿始终。

“河钢已经形成‘四钢两矿一平台’的全产业链海外发展格局，成为中国国际化程度最高的钢铁企业。”

河钢并购南非矿业公司建立上游资源保障基地，控股瑞士德高搭建全球营销服务平台，收购塞尔维亚斯梅代雷沃钢厂打造全球钢铁制造平台，加快海外市场布局，实现了由区域性企业向具有全球竞争力和世界品牌跨国产业集团的华丽转身。

河钢以河钢德高为班底成立了丝路能源钢铁公司，发挥河钢在制造业的领先优势和德高控股公司高效的全球商业网络、资深的产业专业知识，以及一流的财务和运营能力，广泛投资一系列大宗商品和基础设施资产，创造巨大的商业机会，把河钢德高由行业领先的国际化营销服务商，打造成为产品多元的能源、大宗商品贸易商和生产商，成为“一带一路”倡议下取得超常规发展的“丝路旗舰”。

未来，河钢将重点打造海外事业“1234”布局，即一个工业园区（中塞友好工业园区），两大功能集群（海外服务国内钢铁产业功能集群和海外新业务集群），三大核心业务板块（资源开发、制造、贸易），四大服务平台（全球技术研发平台、全球营销服务平台、全球钢铁制造平台和国际化人才培养平台）。

第二节 打造『一带一路』建设的样板工程

■“我们不需要拍胸脯、夸海口，只需要一份非常诚恳严肃的承诺。中国人讲‘言必信、行必果’，一诺千金，我们所承诺的事情，一定要兑现。”习近平总书记视察河钢塞钢时的殷殷嘱托，为河钢经营管理河钢塞钢指明了方向，提供了根本遵循。

■ 河钢塞钢项目已经远远超越了企业经济行为，经营管理好河钢塞钢是一份沉甸甸的责任。我们必须不遗余力、动用所有资源拯救这个企业，回报塞尔维亚人民一个最好的企业，河钢人只能成功，不能失败。

■ 河钢塞钢项目的成功，是“一带一路”倡议在欧洲大陆的成功实践，彰显出我国改革开放40多年综合国力的显著提升和中国钢铁工业的巨大进步，折射出钢铁行业在推动高质量发展和国际产能合作方面取得的巨大成就。

（一）

收购斯梅代雷沃钢厂是经济行为，也是责任担当

“河钢塞钢项目不仅是企业的经济行为，也承载着河钢作为大型国有企业的政治担当，做好这一项目责任重大、使命光荣。”

河钢塞钢项目饱含着习近平总书记对河北、对河钢的殷殷嘱托，承载着中塞两国领导人对中塞传统友谊的格外珍视。两国元首的高度关注，让河钢并购斯梅代雷沃钢厂这样一个企业经济行为，上升为国家“一带一路”建设大背景下的政治担当，成为中塞两国领导人爱国、爱民情怀的具体体现。

斯梅代雷沃钢厂承载着家庭、城市、产业的期待和梦想，它的背后是塞尔维亚5000多个家庭的生存和钢铁工业的发展。虽然河钢塞钢由河钢来管理和经营，但要清楚地认识到，这个企业是塞尔维亚人民的宝贵财富，塞尔维亚政府和人民对这个企业高度关注，对它怀有很深的情结。

河钢拯救斯梅代雷沃钢厂，不单单是拯救一个企业，更是承担更多的社会责任。河钢人能够有机会为国家担当这样的责任，是一

份挑战，更是一份幸运。

河钢人必须找准定位，充分认识到来河钢塞钢工作绝对不是来帮忙的，也绝对不是一个临时性的技术咨询、人才输出，而是这里实实在在就是河钢的一个企业。挽救这个企业，让企业经营大幅改善、发展更加广阔、更加具有品牌价值，是河钢人义不容辞的责任。

“河钢塞钢是中国钢铁企业在海外收购的首个全流程钢铁企业，无论对河钢还是对行业都极具战略意义。”

河钢塞钢地处欧洲大陆中心的区位优势，使它在我们配置整个欧洲大陆客户端和践行最先进管理理念、市场理念时拥有前沿阵地的作用。欧洲成熟的市场和商业模式有很多方面值得我们学习，特别是装备制造和服务领域的细分，对中国制造业发展具有借鉴意义。

河钢所有的投资都是企业成长的需要，这是河钢的一个基本定位。收购斯梅代雷沃钢厂，使河钢在中东欧拥有了本土化的“全球制造平台”，这是一种长期投资，更重要的是保证企业持续健康发展，让企业拥有更加美好的未来。

在全球化布局中，河钢注重地域选择和风险控制。我们收购斯梅代雷沃钢厂，不仅仅是着眼未来的市场份额，更重要的是看重欧洲拥有几百年的商业模式、技术人才、商业品牌，以及我们的团队在国际化环境中的历练机会，这些都对我们自身发展极具意义。以此为起点，河钢将充分发挥“全球营销服务平台”网络优势，通过海外资产的资本运作，推进产业链全球布局。

（二）
不仅要救活一个企业，更要赋予其可持续发展能力

“河钢已经具备了在全球范围内拯救一个企业和运营一个企业的能力，我们有信心让‘塞尔维亚的骄傲’重获新生。”

河钢通过分析研究认为，挽救斯梅代雷沃钢厂恰恰是河钢、是中国企业的强项。我们充分利用中国钢铁企业在由弱到强发展中积累的经验，发挥河钢全球配置资源的优势，让这家企业短期内“止血”并恢复活力，并且通过有计划的投入，让它在可以预期的时间内，成为欧洲比较有竞争力的企业。

河钢对河钢塞钢进行了“问题大起底，措施总覆盖”。收购前，河钢派出的前期调研团队发现，这个企业在工艺装备、能源效率等方面尚有完善的空间，采购半径和销售半径集中在巴尔干半岛，局限性比较大。这也成为我们发力的突破口。

河钢为河钢塞钢的供应链和客户端做了强有力的支撑，把它的

供应链嫁接到河钢的全球采购网络上，让它的客户端搭建到河钢的全球客户端，通过平台嫁接把全球最好的原材料资源和欧洲地区最好的客户资源配置给这个企业，使其在产业链上获得了新的竞争优势，最大限度地把极具区域性特点的企业变成了全球性的企业。

河钢一方面要积极承担应有的主体责任，按照河钢所确定的战略定位和目标进行管控；另一方面还要充分尊重企业历史、尊重企业员工，最大限度依靠斯梅代雷沃钢厂的员工实现企业未来发展目标。

“战略管控 + 本土化管理”是河钢经营河钢塞钢创新运用的一种经营管理模式。“利益本地化、用人本地化、文化本地化”的“三个本地化”原则让河钢实现与相关方的和谐共赢，受到当地社会的欢迎，也为河钢参与全球产业价值链分工与协同创造了广阔平台。

“河钢对河钢塞钢的定位不仅是要让这个企业实现生存，更要将其建设成为欧洲极具竞争力的钢铁企业，使河钢塞钢更具成长性、更具竞争力。”

河钢对河钢塞钢的未来有明确的规划。不亏损只是河钢改变河钢塞钢的开始，我们的目标是打造一个在欧洲极具竞争力的企业，一个中塞两国国际产能合作的样板工程，这个目标坚定不移。这既是河钢国际化发展的目标之一，也是河钢塞钢成长的需要。

河钢运营河钢塞钢不是短期行为，而是为了恢复这个企业的活力。河钢对河钢塞钢进行大幅度技术改造，向其输出 21 项中国钢铁工业的专有技术，并在欧洲注册专利，持续加大对河钢塞钢的改造升级，通过把自身领先的钢铁制造、绿色环保、能源利用等技术工艺和先进理念输送到河钢塞钢，进一步增强企业竞争力和盈利能力。

在利用一段时间恢复这个企业的活力之后，河钢进一步考虑其成长性和未来价值，要将河钢塞钢打造成欧洲地区高度重视技术、重视创新，并且具有极强知识产权保护意识的高技术企业，使河钢塞钢在技术进步、科技创新和市场开拓等方面实现巨大变化，成为欧洲领先的节能、绿色现代化工厂，树立中国钢铁企业绿色、创新、可持续发展的良好形象。

（三）
河钢塞钢成功的现实意义

“河钢塞钢的成功有着强大的时代背景和历史背景，并不是孤立的单体企业和孤立的一个时间段的成功。”

河钢塞钢的成功彰显了一个国家、行业和企业的实力。我国改革开放 40 多年综合国力的提升，中国钢铁工业的巨大进步，“一带一路”倡议给中国企业“走出去”提供的空前有利环境，以及河钢在全球任何一个区域充分参与竞争的信心和实力，都为打造“一带一路”标志性工程注入了关键力量。

河钢收购塞尔维亚斯梅代雷沃钢厂，被称赞为“一带一路”倡议下最典型的中欧合作模式。河钢让塞尔维亚引以为傲的钢铁工业重获了新生，也让当地 5000 多名钢厂员工重新拥有了稳定的工作。河钢在塞尔维亚的投资案例，可以为未来中欧企业之间的合作提供一个新模式，即在资本输出的基础上输出中国企业的技术和管理。

河钢成功运营河钢塞钢，是在短期内把国家政策的资源和河钢内部的资源在河钢塞钢有效配置使用的集中体现。河钢全力兑现对两国政府和人民的郑重承诺，举全河钢之力回报塞尔维亚人民一个最好的企业，这绝不仅仅是靠一个团队的力量，也不是一个企业的力量，而是一个系统战、协同战。

河钢塞钢成功运营有力证明，河钢不仅拥有强大的、面向全球的国际化运营能力，而且成为践行国家战略的一面旗帜，这让全体河钢人感到无比自豪、无上光荣，也更加感到责任重大。

“河钢塞钢给河钢带来的价值不仅仅停留在经济层面，更对河钢的品牌影响力、国际化发展等方面产生了深刻的影响。”

河钢的理念就是与强者为伍，成功“走出去”，给河钢带来更宽的视野、更高的站位，让我们更加理性地判断发展过程中的得与失、未来的取与舍，从而让战略路径更加明晰。

河钢塞钢是河钢海外战略布局的重要落脚点，在发展过程中，河钢塞钢不仅明确了自身的优势和短板，而且深入了解了欧洲市场环境，成为河钢了解境外钢铁企业的桥头堡。河钢经营管理河钢塞钢，快速实现扭亏为盈，既向世界展现了中国钢铁的实力，也让河钢在此过程中探索出了先进的管理模式，提升了自身的管理水平。同时，河钢塞钢的产品广销欧洲，得到了国际市场的认可，为河钢打造了一张亮丽的国际名片。

河钢成功将河钢塞钢打造成“一带一路”建设的标志性工程，使河钢的品牌形象和影响力持续提升，品牌的力量不断彰显。在国际化的洗礼中，河钢加速了自身成长，提高了自身的竞争力和发展能力。

创造环境提供平台，比单纯的说教更有效。河钢用足用好包括河钢塞钢在内的海外公司现有资源，打造国际化人才培养平台，为海外发展培养了一支熟悉国外企业运营方式、能够满足企业国际化过程中各种需要的高端人才队伍，为河钢国际化发展战略快速推进提供强力支撑。河钢塞钢团队远在异国他乡，用钢铁般的意志和强大的适应能力，克服了重重困难，赢得了当地社会的尊重。这种素养，是在企业创造的平台上打磨出来的。未来，我们会有更年轻的团队，用更开放的思维，在高质量发展道路上精雕细琢，引领河钢释放无限潜能。

河钢塞钢的快速成长和发展，为河钢国际化发展注入了强大信心。河钢将以更大的抱负积极推动国际产能合作，建设更加智慧、更加绿色、更加开放的“世界的河钢”，共同创造并分享世界钢铁工业进步的成果。

第三节

『世界的河钢更具竞争力、发展力、影响力』

■ 今天的中国钢铁工业让中国钢铁人昂首挺胸。未来，我们要深入践行新发展理念，致力于构建钢铁与人类社会、自然环境和谐共生的产业生态圈，为全球钢铁工业可持续发展和人类文明进步贡献力量。

■ 作为世界钢铁协会主席单位，河钢不仅代表自己，也代表中国钢铁行业，要在世界钢铁工业发展中彰显出与行业地位相符的担当。

■ 河钢始终以开放的姿态拥抱世界，在走近、了解、携手世界先进企业过程中，不断开辟合作新途径，拓展合作新空间，丰富合作新内涵，在引领世界钢铁行业可持续发展中谋求更大突破。

（一）

在世界钢铁工业发展中彰显出与行业地位相符的担当

“河钢成为世界钢铁协会主席单位，这不是一个偶然的事件，它是中国强大综合国力的象征，也是世界对中国钢铁工业发展高度的认可。”

世界钢铁协会由 14 个执委成员组成，中国的两个成员是国有企业，其他企业在每个大洲、每个国家都是富可敌国的企业。河钢能够成为世界钢铁协会主席单位，站在它们的中央，这份底气来自国家的实力。

中国作为世界增长最快的经济强国之一，让中国钢铁工业有了巨大的市场，可以说没有中国经济的快速发展，就没有中国钢铁工业现在的体量和实力。中国钢铁工业经过多年发展，不仅产量占全球总产量的一半，而且各方面处于世界钢铁工业的前沿，已经走上了世界钢铁舞台的中央，正在引领世界钢铁工业的发展。

河钢越来越赢得同行的尊重。这种尊重从何而来？除了我国国力和钢铁工业巨大变化之外，河钢品牌和国际化影响力等方方面面的巨大进步是一个重要原因。在国际化发展中，河钢不仅成为中国钢铁行业国际化程度最高的企业，还成为世界钢协主席单位，成为世界钢铁工业备受关注的全球性跨国公司。

如今，“HBIS”已经成为在国内国际都十分响亮的品牌。河钢越来越成为一个国际化的企业，与世界领先企业比肩，赢得了更多的了解和尊重。面向未来，河钢更需要以不服输、不气馁、不惧挑战的格局，以更有为的姿态、更有力的行动，传递共享发展的信心和希望，努力实现人类对美好明天的憧憬。

“作为世界钢铁协会主席单位，河钢既要率先垂范，做行业的排头兵，又要进一步开阔思路，加强沟通交流，搭建研究平台，为我国及世界钢铁工业发展作出积极贡献。”

河钢履职世界钢协主席单位期间，要推动世界钢协在促进行业减少碳排放和碳足迹等方面发出更强烈的声音，在新能源利用、新工艺使用上进行更深的研究、创造更好的平台，同时加强与中国钢铁企业、协会的交流，携手推进世界钢铁行业可持续发展。

河钢与北京科技大学等单位发起成立世界钢铁发展研究院，为钢铁工业开展可持续发展研究搭建全新平台，并开启了钢铁行业数字化、智能化、绿色发展和突破性技术等领域的课题研究。我们将聚焦“世界钢铁与全球经济、钢铁产业与可持续发展、未来钢铁与城市生态的关系”，深入研究钢铁工业发展的普遍性规律，致力于构建“钢铁与人类社会、自然环境和谐共生的产业生态圈”。

河钢推动召开钢铁行业低碳发展及氢冶金应用技术高峰论坛，旨在为探索钢铁行业低碳发展路径、推动钢铁工业可持续发展，搭建一个全球性、专业化、高层次学术交流平台，为推动全球钢铁行业加快低碳转型，实现稳定、可持续的绿色发展提供中国方案，为我国如期实现“碳达峰、碳中和”战略目标贡献钢铁力量。

河钢将全力以赴支持与北京科技大学共同推进的国际教育合作项目，充分发挥双方优势，共同整合优化国内外教育资源，着力拓展双方优秀国际人才培养项目和类型，推动双方在国际教育领域务实合作，促进中外人文交流，为构建人类命运共同体作出更大的贡献。

（二）
共同推动世界钢铁可持续发展

“站在推动构建人类命运共同体的高度，我们要携手先进企业深化战略合作，实现协同发展，共同推进钢铁产业链绿色低碳发展，让世界更加美好。”

河钢和西门子之间不断突破原有的合作模式和简单的买卖关

系，正在努力寻求产业链的协同和优势互补。西门子一直是工业变革的领先者和创新者，在诸如数字化解决方案、工业物联网等新兴领域拥有丰富的经验和成果。双方将在绿色制造、智能制造等领域不断开辟合作新途径，拓展合作新空间，丰富合作新内涵，将双方合作推向新的高度，为钢铁行业高质量发展贡献力量。

河钢与宝马签署《打造绿色低碳钢铁供应链合作备忘录》，充分彰显了合作双方鲜明的“绿色低碳发展理念”，用实际行动诠释了双方在“减少碳足迹，应对全球气候变化”上的责任与担当，对双方乃至全球汽车制造业都具有十分重大的意义。双方将共建绿色低碳钢铁材料供应链，围绕绿色低碳钢铁材料的研发及使用，基于宝马对钢铁材料的低碳需求，开发低碳、绿色汽车用钢材料并完成相关认证。宝马将成为河钢绿色低碳钢铁的第一家客户。

河钢和 POSCO（浦项）多年来保持着良好的合作关系，对彼此的商业价值、发展理念高度认同。河钢—POSCO 汽车板合资项目具有十分重要的意义，标志着双方的合作发生了质的改变，进入了面向未来的全新合作阶段，必将对中国汽车制造业乃至世界钢铁工业的发展带来积极的影响。

河钢与必和必拓签署气候变化合作谅解备忘录。作为钢铁产业链的重要成员，河钢在行业碳减排上要承担起更多的责任。面向未来，双方要在坚固的合作基础上，共同推进低碳冶金、循环利用技术创新和研发部署，为应对全球气候变化提供更好的解决方案。

河钢与意大利特诺恩集团就氢冶炼项目进行合作。未来，双方将进一步在绿色制造、智能制造、低碳发展等领域深化合作，在冶金新技术等方面形成常态化交流机制，引领传统钢铁冶炼技术的创新与变革，为冶金行业实现绿色可持续发展不懈努力。

河钢携手普锐特成立冶金技术服务公司，是双方深化全面战略合作伙伴关系、携手迈向钢铁产业链中高端的战略选择。双方将充分发挥先进管理及技术经验，在综合技术、综合质量、综合服务和综合性价方面，为客户提供国际先进技术、适合客户产线的综合解决方案，打造中国钢铁行业转型升级的新样板。

河钢与美国 TMS 集团签署合作框架协议，以实际行动率先响应中美强化气候行动联合宣言，双方联手打造废钢综合利用领域的典范。双方的合作不仅拥有广阔的市场空间，而且彰显出双方的战略眼光，有利于进一步提高废钢在中国钢铁企业的利用效率，共同为世界钢铁行业减少碳足迹作出更大的贡献。

第六章

管理创新：由传统做法『升级』向制度设计转变

【企业仅凭原有路径上简单的“换做法”和“加大力度”，已经不能实现可持续快速发展，必须突破传统体制机制束缚，从组织结构、企业制度、管理流程等方面进行大胆创新和系统变革。】

钢铁是有灵气的。如今钢铁 Fe 的符号没有改变，却被赋予了全新的内涵，汇聚了现代社会中金融、科技、创新等所有最先进的元素。

在互联网经济、链条经济、平台经济条件下，流量和体量本身就是价值，有资源就能够创造价值。

资源不在于谁拥有，关键在于谁使用。企业最大的能力是配置资源的能力。

第一节 『商业模式是一种重要的核心竞争力』

■ 商业模式是企业通过市场竞争提供产品、服务，实现高效化、增量化变现的方式和方法，是甄别企业市场竞争力强弱的关键点之一。

■ 制造业向高端化迈进，服务业向个性化迈进，都对企业的生产研发、商业模式提出新的要求，中国钢铁工业进入了改革创新和新技术、新产品、新的商业模式集中体现的一段时期。

■ 做好制度设计和路径选择，可以达到事半功倍的效果。一个能做到与时俱进的企业，追求的不仅仅是管理团队的优秀，更重要的是管理制度的设计和商业模式的形成。

（一）

创新商业模式才能获取长期竞争优势

“河钢对商业模式的创新，要在理念上全新突破，要在战略上主动为之，要在方向上有的放矢。”

进入经济发展新常态以来，钢铁等传统制造业经历了一轮重新洗牌。随着供给侧结构性改革的深入推进，钢铁企业扩规模、“低成本”为王的时代已经终结，钢铁企业的竞争不可逆转地进入“商业模式”的竞争时代。

以互联网、大数据、云计算等为手段的新一轮科技革命的到来，以及全球化的深入发展，特别是中国经济更深度、更紧密地融入世界经济，都迫切需要我们以全新的视角来审视商业模式。

河钢要积极适应中国钢铁需求由规模化、同质化向专业化、个性化发展的趋势，主动颠覆钢铁行业高盈利期形成的发展方式和经营模式，有意识地从重构商业模式系统出发，设计符合钢铁企业发展需要的商业模式。

“河钢的商业模式创新，要跨越传统的工厂—客户、原料—钢铁、投资—经营的范畴，推动跨界融合创新。”

在发育完善的市场经济环境中，谁拥有了客户，谁就拥有了市场。因此，在市场经济条件下，钢铁企业商业模式创新的关键问题就是如何获取并留住客户。

河钢要全面而又深刻改变与客户之间的关系，推进产业链条的嵌入，介入客户的深层次需求，通过产学研用的支撑，既满足客户当期发展需求，又引导客户未来需求。在推进产品结构升级的过程中，要以客户为龙头，推进科技创新融合，强化科技研发，实施技术创新，有效满足客户对产品、服务价值的需要和追求，并通过创新体系设计和人才、机制的支撑，以更高品级、更高质量的钢材与服务，为客户提供更高价值，同时实现企业的经济价值和市场价值。

在增强传统客户群体黏性的同时，河钢要推进业态培育进化，充分利用钢铁平台资源和流量，推进市场化多元产业发展，扩充原本单一的钢铁客户群体，丰富客户群的层次。要推进管控迭代，从客户的深度要求出发进行产业管控迭代顶层设计，着力构建客户导向型的营销体系，通过实施以客户为导向的战略绩效考核体系、推进管理组织体系扁平化变革等制度设计，打造高效的集团化管控体系。要推进空间布局拓展，实施优质产能合作，以优势技术、管理、资本和网络渠道，扩大河钢的国际客户群体，带动客户的扩容、升级，使企业价值得以充分展现和提升。

（二）
产业上下游相互嵌入才能实现更深合作

“供应链的整合和配置是现代企业获取竞争优势、实现盈利增长的关键保证。”

在由装备的现代化向产品的高端化转变阶段，原有的产品结构和服务能力无法支撑整个价值体系，因此必须延伸产业链，并促使链条上的每个环节、每道工序承担起创效责任，也就是以市场化、平台化为支撑，集中企业所有创效资源打造全流程的价值链。

河钢经过多年发展，工艺技术装备水平大幅提高，但钢铁产业链的商业价值远没有充分发挥。在钢铁行业高质量发展阶段，只有掌握了通往终端客户的渠道，才能重塑产业价值链。河钢要通过建设嵌入式产业链，向下游客户端延伸，形成更完整的产业链条，以掌控产业链的关键环节为支点，撬动营销模式、服务模式的升级，以及客户结构和产品结构的优化，从而提高企业竞争力。

河钢产业链条嵌入的核心理念是，以资本为纽带，将钢铁产业链嵌入下游用钢产业链，创新钢铁企业与下游企业供应链合作的新模式，进而实现与高端客户的无缝对接；以渠道为纽带，融入全球最大营销网络，打造全球营销服务平台，形成与国际接轨的先进市场理念和营销模式，提升全球资源配置能力。

“河钢产业链条嵌入要引领带动钢铁产业链的价值提升和产品结构的全面优化，扩大钢铁产业和下游产业的协同效应。”

从产品升级到产业链延伸，河钢要更加瞄准“延伸产业链”和“提升价值链”，在渠道布局、终端嵌入、服务延伸等方面发力，沿价值链开展资本合作，将产业链条镶嵌到客户端。

河钢要致力于建设加工配送体系，打造营销型产业链，规划、设计和建设加工配送中心，与下游企业尤其是高端用户建立战略合作关系，形成产、销、研以及加工配送一体的产业链，稳固销售渠道，逐步缩减单一的钢材贸易业务。

河钢要瞄准下游用钢行业高端需求，采用 EVI 前期深度介入及共建研发平台等形式，构建联合研发机制，搭建“全球技术研发平台”，推进钢铁产业链向高端制造业嵌入式延伸，增加客户需求的刚性和黏性。

（三）

营销模式由生产导向型转向客户导向型

“企业的营销体制机制要与自身发展阶段相关联，河钢不能抱着传统营销模式不放，要紧跟新一轮商业模式变革和营销渠道创新的步伐及时做出改变。”

一个企业营销模式的转变，是和企业产品结构调整、产品档次升级相辅相成的。当企业装备提升、结构调整以后，营销模式必须及时跟进，工艺管理水平以及产品推向市场的方式都要发生改变。

尽管传统的营销模式和生产组织模式在历史上为河钢发展作出了巨大贡献，但是，随着经济环境的变化、市场环境的变化、河钢装备工艺的变化，以及客户对产品供应商提出的多样化要求和附加价值要求的变化，打包销售的模式已经不能适应市场需要了。与用户和产品结构升级相脱节的营销模式是高盈利期形成的“富贵病”，这种模式已经完成了它的历史使命，我们必须以新的模式去替代它。

在完全市场化的环境下，产销关系、供需关系、客户关系等都发生了改变，河钢在计划经济时期和高盈利时期形成的“以销售保生产，以生产保计划”的生产组织和营销模式，已经到了非改不可的时候，这也是生产关系必须适应生产力变化的道理。我们要沉下心来，保持冷静专注，剥离掉充斥在采购、销售等环节的供应商、中间商以及不该承担的社会成本，拿回流通环节的流失，也是为企业拿到实实在在的效益。

河钢要树立“大营销”的管理理念，围绕营销系统建立新商业模式和市场体制机制，把全球最先进的营销服务理念移植到销售中。要充分认识到，高端客户、未来客户不仅代表着行业高度，而且能够助推河钢实现技术升级、管理提升、人才成长。河钢要综合考虑客户黏性、未来成长性、经济效益等方面的因素，进一步开拓更加高端的客户，在持续推动“两个结构”优化的过程中，河钢给客户提供的不仅是产品，更重要的是个性化、定制化的服务，要把客户需求全面移植到生产经营的全过程。

“营销体制变革不可能一蹴而就，也不会一劳永逸，要积极推进传统营销模式战略转型，让企业保持可持续竞争优势。”

河钢的营销体制变革从关注市场、关注客户入手，市场需求就是工作方向，用户满意就是工作尺度。

河钢颠覆“为计划而生产，为生产而销售”的传统模式，以产线为基本单元，实现产销研资源一体化高效配置，探索建立直面市场和用户的“销售保客户、生产保销售”的全新生产经营模式。

按照“一个市场、两个主体”的原则，调整营销体制机制，推广特钢企业的特钢经营理念和营销服务模式，加强“点对点”的战略营销、技术营销和服务营销，推进“普钢营销”模式向“特钢营销”模式转变。

改变传统“远离客户端、依赖中间商”的批发式营销模式，学习借鉴西门子大客户经理制和海尔“小微化”经营模式，不断适应客户高端化、个性化、差异化需求，在业内率先推行大客户营销模式，全面推行大客户经理制，实现对重点客户一对一、点对点的服务，做到“像卖家电一样卖钢材”。

推进传统营销模式转型，成立河钢集团客户服务中心，建立对接重点终端用户的快速响应机制，形成以客户服务中心为主导的自主营销网络，以定制化的“一站式”材料解决方案服务满足用户个性化需求，提高直供和高端用户比例，培育河钢品牌影响力和用户满意度。

整合集团及各子公司销售组织及渠道资源，建立营销中心，设立华北、华东、华中、华南、西部和山东等 6 个区域公司，真正把销售向一线前移，实现零距离与客户进行业务对接和结算，最大限度地贴近客户、服务客户，形成集中统一、快速响应市场变化、运行高效的营销体制。

与行业龙头企业携手打造全产业链融合发展新模式，超越传统买卖关系，构建以技术、服务、资本、股权等多种形式为支撑的新型纽带关系，布局建设加工配送服务中心，打通服务客户的“最后一公里”，组建客户经理团队为重点终端用户现场服务，实现与高端用户的无缝对接。

深度对接近钢产业中高端客户群，围绕中心城市群开展区域市场研究，在国内经济最发达、最具成长潜力的五大中心城市群，分别设立北京、上海、深圳、重庆、武汉五个区域合作研究中心，紧紧把握钢铁消费新趋势，深度对接中高端需求并从中捕捉产业发展新机遇，加快转型升级步伐，拓展未来发展空间。

“营销模式转变是河钢顺应经济社会发展大形势所作的战略决策，河钢营销模式必须要紧跟供给侧结构性改革和高质量发展进行调整，深度推进供给侧结构性改革下营销模式转变。”

当经济发展由增量发展转向存量发展后，随着供给侧结构性改革的进一步深化，越是各个企业高度聚焦、高度关注的成熟市场，竞争会变得越激烈。钢铁市场形势发生了深刻变化，并不是市场本身出了问题，而是随着供给侧结构性改革到了纵深推进阶段，钢铁市场供需关系发生错位的问题。

我们要辩证地认识到，把资源过分聚焦在规模化产业和传统市场上，如同在独木桥上争道，在未来竞争中必将付出代价；只关注已知市场和已知客户，不以市场调研和区域调研为导向，把未知等同于不存在，将会失去未知市场和未知客户；忽视小众市场和细分市场，与整个国家经济发展更聚焦于微观的大趋势不相符。

在这样的经济形势下，要更加关注本地市场、更加关注细分市场、更加关注新产业和新业态市场、更加关注个性化和小众化市场，作为未来迎接市场变化的对冲手段，真正做到"东方不亮西方亮"。

营销系统是企业的中枢，没有什么比市场和营销更能牵动企业的神经，市场的导向决定了企业生产组织模式的方向。要深刻思考在经济结构进入深度调整时期，钢铁市场供需关系发生错位的环境下，如何通过营销模式转变，更好适应宏观经济转型，推动企业高质量发展。

在河钢营销理念和营销模式的转变中，随着对细分市场和小众化市场的更加关注，势必要对传统的规模化生产组织模式带来挑战。各生产组织系统要深刻领会和解读柔性生产的内涵，为小众化的订单和个性化的客户提供生产组织保证。技术系统在推进技术升级过程中，不能单一地在完善装备、提升性能上下功夫，而是要把解决客户和产品问题作为关注点和出发点，为更好满足客户需求提供支撑。

“面对层出不穷的新产业、新业态带来的新需求，关注度不够、跟进力不强，将错失先行一步的优势；对于近在咫尺的资源‘灯下黑’，从根本上忽视本地市场，则偏离了经济效益最大化的目标。”

河钢与衡水市政府签署推动区域经济高质量发展战略合作框架协议。双方将充分发挥集团在钢铁产业及相关领域的技术、资本、人才等方面的发展优势，以及衡水市政府在政策联通、资源调配、资本引导等方面优势，以钢铁产业链高质量发展为导向，以科技创新为引领，在高端钢铁材料、产业链延伸、供应链平台建设、钢铁技术解决方案服务等方面进一步深化合作，推动衡水市特色重点产业发展，实现地企双方合作共赢。

河钢与邢台市紧紧把握数字化、网络化、智能化融合发展契机，加快推进新一代信息技术赋能传统产业转型，成立邢台铁铁供应链管理有限公司。该公司将充分依托集团品牌、产品、技术、人才等优势和邢台市特色产业集群优势，搭建符合邢台市产业集群需求、开放共享的社会公共服务平台，为企业提供产品线上销售、原燃料及备品备件采购、智慧物流、供应链金融、海外业务、品牌建设、资产证券化咨询、信息化平台建设等服务，全力打造以“企业集团 + 地方政府 + 产业集群”推动地方经济高质量发展的样板工程。

河钢主动顺应钢铁产业结构调整新趋势，大力发展以工业服务为主要内容的新兴产业，在廊坊开发区落户产业创新发展基地。该基地包括“工业技术服务中心、高端材料研发中心、供应链金融中心、海外事业发展中心和新产业孵化中心”，为河钢未来创造更加广阔的发展空间。

第二节 「管理是一种更高层次的经营」

■ 一个团队永恒的话题是管理，管理永恒的话题是效率和活力。一个真正市场化的企业，管理最大的追求就是没有管理，是管理流程越来越短、越来越扁平化，而不是因为内部管理事务太多，消耗我们过多的精力。

■ 没有成功的管理模式，只有时代的管理模式。所有的管理模式都有它的时代性，钢铁行业已经是完全市场化的行业，如果依然沿用传统的管理体制机制，企业是很难具有活力的。

■ 河钢要实现集团化发展，融合的根本是体制机制和理念，必须要体现出对制度、体制、架构等方面整合的科学性和前瞻性，特别是把若干个企业变成一个团队，不是简单的物理反应，而是要让资源发生化学反应。

（一）
企业的管控体系要跟上时代发展步伐

“任何管理制度和管理体制都是与宏观经济和商业模式相辅相成的，企业资源配置方式和组织结构模式的变化必须适应产业发展生态的变化。”

一个团队、一个企业要讲历史传承，珍惜经验积累。但必须要看到，现在不是靠历史积淀、经验积累竞争的时代，而是要适应经济发展新常态的需要，顺应供给侧结构性改革的要求。改变企业原有的流程式管理模式，才能实现企业竞争实力的提升。

高质量发展时代的到来，让企业把更多的精力从“增量”向“提质”转移，客观上为实现“质的飞跃”创造了前提。把企业多年来积累的技术、人才、创新能力、改革以及管理能力进行总释放，这本身就是一种全要素的总动员，对资源重新配置、流程管理梳理再造是一种极强的推动。

面对已经完全市场化的行业、完全商业化的产品和客户端，不能再用传统的思维去看待正在发生改变的事物，不能再用老的管理方法去做新工作。在市场供需过剩、进入激烈竞争的时候，企业的竞争更多的是展现在体制机制的竞争上。要跟上时代的脚步，把体制机制创新作为解决企业管理问题的有效办法，优化管理制度，进一步释放管理效能。

“处在管理的大变局时期，我们需要新的战略思维，重新审视企业的管理模式，跳出固有的‘套路’，寻求新的路径，挖掘新的潜力。”

如果一个企业庞大的资产没有体现出应有的效益，没有体现出资源效率，这不是员工素质的问题，不是敬业精神的问题，不是技术水平的问题，很可能是管理理念和管理手段的问题。

行业形势的变化，倒逼我们必须彻底颠覆计划经济体制和高盈利期固化下来的障碍，全面推进管理体制机制改革，最大限度地去行政化，用新手段解决历史上遗留下来的管理、运营模式和体制机制等问题。

河钢流程管理优化的定位很明确，就是要提高效率。管理流程优化、管理机制进一步贴近市场，这是我们必须要做的事。管理链条的优化没有太深奥的道理，之所以我们认为它是改革创新和颠覆，是因为我们过去没做过。

面对仅仅依靠常规手段难以解决的现实问题，我们必须要打破旧思维、旧观念，树立新理念，进一步挖掘、培育企业理念和思维方式的潜力与优势，依靠管理制度的改革创新来激发企业内部潜力。

“河钢要按照综合型产业集团的多元化管控特色，实施‘运营管控+战略管控’的管控模式。”

组建成立河钢集团，不是几个公司简单数量叠加，不是在原有企业基础上再增加一个“管理层”，而是一种凸显规模优势、协同效应，增强资源掌控力、市场话语权和抗风险能力的真正融合。

组建成立之后，河钢确立了“集团负责研究干什么，子分公司负责研究怎么干”的管控模式，针对各子分公司的特点，对每个企业进行“一企一策”管控。河钢管控模式既发挥集团规模效应、集约、协同发展优势，更最大可能地发挥每个子分公司的独特优势和创新能力，使资源优化、产品优化、装备优化、资金优化，实现成员企业之间在研发、采购、制造、销售、管理等环节系统运作，实现集团化管控，有效地发挥集团化管理优势。

河钢以统一的集团文化思想推进集团融合，着重推进整体发展和培育核心竞争力。总部定位于战略决策、资源共享、协同服务中心，最大程度地发挥集团整合优势和协同效应，切实提高集团运营效率以及各种资源的配置效率；子分公司定位于具体执行。在集团统一领导下，各子分公司和专业公司步调一致、整齐划一，真正做到了意志统一、思想统一、行动统一，全集团上下一盘棋。

（二）
在完全市场化的形势下，市场化的管理机制是最有效的

“未来，河钢的指挥棒，一定是市场，而不是行政。企业管理方面等一切问题，都要到市场上去寻求答案。”

在传统管理模式下，管理更多是依靠行政手段；在数字化时代，管理则要靠信息化手段和平台手段。世界先进的国际化企业纷纷推进业务拆分工作，使业务板块越来越独立，这是适应不断变化、竞争越来越激烈的市场形势的必然选择。

钢铁行业未来要实现有效供给，最核心的问题是要打破对原来路径的依赖，以市场化改革的手段推动创新，激活技术、人才、管理、装备、资源、资本等所有要素，进行最科学、最有效的配置，加快构建与市场充分接轨的商业运行模式。

河钢作为国有企业的属性不能变，但是国有企业的管理理念、体制机制是可以改变的，特别是围绕搞活国有企业、提高效率、激

发活力等方面，是可以改变的。一个完全市场化的行业，一个完全进入国际竞争的企业，其管理架构一定要和企业发展阶段相符合。在全新的发展周期和发展阶段，从根本上全面地引入市场化机制，推动企业由“生产者”变成“市场人”。

“河钢内部每一个环节都要全面引入市场化机制，让每一个人都能感受到市场的压力。”

河钢要通过加大市场化改革力度，优化资源配置，将河钢打造成既有国企先进管理经验、一流人才、品牌优势，又有民企灵活管理机制和完全市场化经营团队的新型企业，走出一条既有国企优势，又有民企机制的河钢特色之路。

河钢要用差异化的管理优势摒除企业存在的瓶颈和掣肘，更重要的是在经营上真正吸纳民企的管理体制，并进一步扩大国有资本效能，展示出人才和管理力量，为企业注入一股强大的活力。

河钢要通过分配制度市场化，解决思想理念上存在的重生产、轻技术、轻市场的问题，以分配制度做杠杆，引导人才流动和用人倾向，进一步激发每一个人的潜力和工作热情。

河钢管理机制体制市场化改革，是对现有资源进行重新配置、对架构进行重新整合，在企业内部营造一个公平的竞争环境，让职工更有工作热情，团队更有开创精神，企业更有效率、更贴近市场、更有竞争力。

（三）
建立以产线为核心的资源配置方式

“河钢全面推进以产线为独立市场单元的组织结构扁平化变革，是要把企业过去更多关注一件事、一个点的单项管理，转变为更多关注一个链条和系统的管理。”

河钢以产线为独立市场单元的组织结构扁平化变革，是一种以“去规模化”为特征、以产线作为直面市场的经营单元的变革。其核心是组织结构扁平化，要通过各类要素的重新配置，实现“去中间层”与“去行政化”，决不能简单地理解为减员和减机构，也决不能将管理重心下移理解为一般意义上的“领导下基层”“组织攻关队”，不能走过场、搞假动作，不能打擦边球、虚晃一枪。

组织结构的扁平化是为了解决产线与市场脱节问题、领导层与现场脱节问题。企业决策层的管理意志和管理目标不再依靠“中间层”来实现，而是直接传达到产线；企业决策层的认识、经验和决策的形成，也不再是依靠若干“中间层”间接形成，而是通过产线直接形成，让决策层与市场对接得近一些、再近一些。

以产线为独立市场单元的组织结构扁平化变革，要在压减一般性、辅助管理机构的同时，进一步把最好的资源、最好的要素、最好的待遇向产线配置，推进关键人才向产线和营销一线集中，强化产线、研发、营销机构的力量。每个经营单元都要独立面向市场，都要有自身独特的市场定位、产品定位和客户群的定位，都要以行业的最高标准来衡量。

“建立以产线为核心的资源配置方式，必须将管理体现在产线上，而产线对标这一手段，可以折射出企业资源配置导向问题。”

钢铁行业发展进入到一个差异化竞争时代，企业之间竞争的内容不仅仅是成本要素，钢铁产品高盈利时期固化的以单个产品的成本和单项技术经济指标为核心内容的对标模式，已经不适应新竞争时代的发展需要。

河钢要以“企业竞争力是低端成本与高端产品结构结合”的理念，推进“相同产线对品种，相同品种对售价”的产线对标模式，选取行业先进企业作为产线对标的标杆，以“产线对标”推动工作更加深层次和系统化，挖掘产线产品档次不高等问题的根本原因。

河钢推进产线对标，就是要解决高端产线出低端产品问题，就是要解决高端产线技术力量严重不足问题，就是要解决高端产线分配制度严重不合理问题。要以产线对标为手段，学习借鉴先进的经验和做法，树立“市场标准就是工作尺度”等工作理念和意识，确立“产线产品由满足国际标准向满足客户个性化需求转变”的发展路线。

第三节

『让管理成为企业高质量发展的助推器』

■ 在充满不确定性的复杂环境中，全面提高企业资金管理和抗风险能力，成为集团化企业必须要实现的目标。

■ 河钢拥有庞大的存量资产，做好现有资产的文章，切好存量资产这块“大蛋糕”，对未来的发展至关重要。

■ 紧抓人才第一资源，构筑梯次合理的人才结构，河钢转型发展才会拥有强大的人才支撑和智力保障。

（一）
资金管理是企业生存发展的生命线

“一个企业要从战略层面、经营层面实现高度一致的管理，资金管理是一个有效的手段。”

资金管理水平的高低不仅影响着企业整体的经营管理效率，也在一定程度上决定着企业发展前景。

进入新的发展阶段之后，企业不能再单一地依赖传统的融资方式，要围绕“一带一路”倡议、供给侧结构性改革、京津冀协同发展等国家重大战略，积极寻求投资、金融方面的改变和新合作。

企业巨大效益的产生不在于资产本身，而是在资产配置环节、在链接环节。强化资金管理既要管到“动脉系统”，也要管到“毛细血管”。

要实现企业转型升级，必须克服观念、体制等诸多方面的不适应，通过全新的资金管理模式来营造环境，激发企业的内生活力和全员干事创业的热情，把企业内部蕴藏的巨大潜力，包括人才潜力、技术潜力、产品潜力、装备潜力等充分发挥出来。也要不断研究和驾驭配置金融资源的产品，探索推动企业资金管理创新发展的新路径。

“因为历史的原因，河钢组建以后形成了依赖高负债维持发展的惯性模式，这种方式已经不能适应低增速、低盈利、高风险的行业新常态。”

经过大规模装备升级改造，河钢的装备水平达到了国内领先、世界一流，同时也形成了依赖高负债支撑高发展的固有模式。企业要想更好生存，必须要改变高盈利期模式下居高不下的费用支撑，逐渐步入良性循环。

靠投资能解决的问题不是问题，靠花钱能买来的优势不是优势。摒弃“投资就是发展，花钱就是贡献”的传统思维，通过全新的资金管理模式，营造一种低资金保障、低成本运营的经营环境，是河钢实现健康可持续发展的必然选择。我们要立足长远、着眼大局，站在对企业负责、对职工负责的高度，全面提高企业资金管理水平和抗风险能力。

高负债会让企业失去竞争力，现在花的每一分钱，都是未来成长的代价。面对产能过剩矛盾日益突出、市场需求进入峰值区的大环境，河钢要打消“跑贷款、跑项目”的念头，把“上规模、上项目、上档次”的粗放型发展理念，转变到集约效益型发展道路上来。要彻底改变对外部高成本资金“输血”的依赖，从根本上坚决杜绝拍脑门乱花钱的现象，把控制费用作为切入点，盯住“止血点”，坚决实现“止血”。

“当河钢进入了‘修身养性’的阶段，眼睛向内挖掘出实实在在的潜力，企业自身造血能力才会持续增强。”

经营安全是河钢最重要的事，要进一步加强和细化资金刚性管控，坚定不移严守投资和现金流“两条红线”，将其作为重中之重的工作持之以恒纵深推进。

河钢要将现金流管理作为工作主线，通过明确责任主体，严控固定资产投资，将控制目标与工资总额挂钩考核，建立严格的责任追究制度，确保融资总量不增长、入账资金有用途。要大力推行全面预算管理，着眼于资金支付控制，建立以现金流管理为中心、以支付名目和预算限额控制为重点的全面预算管控体系，实现财务管理由行政管理手段到现代化管理手段的转变。

“随着加快转型升级步伐，河钢内部积累了庞大的存量资产。这些巨大的资产存量，有待通过资本运作进一步释放效能。”

盘活存量资产是企业更大的发展，提高资产效能是高质量发展的要求，河钢要像抓钢铁主业一样来抓资本运营，加快盘活存量资产，进一步释放资产效能，切实打造新的增效点。

河钢的资本运营工作绝不是简单地处置土地、处置设备，更重要的是如何高效运作资产。我们要树立一盘棋的思维，把资本运营作为核心工作系统推进，采取不同形式做足资本运作的文章，进一步加大力度将庞大的资产分门别类，彻底厘清创效资产、闲置资产、“失血”资产，认真进行资产效能分析，提升存量资产效能，优化低效、无效资产，充分挖掘资产的价值，让极具盈利能力的板块产生更大的价值，为资产带来流动性。

提升资产效能，充分发挥存量资产规模优势这项工作等不得、慢不得、拖不得。加快退城搬迁企业的土地变性和土地变现、利用好闲置设备资源等许多工作都有时间的概念，把握住了“窗口期”，资产价值可以充分释放，错过了将大打折扣。

（二）
人才是最关键的战略资源、最核心的力量支撑

“人才是发展的‘源头活水’，在激烈的市场竞争中，企业间的竞争已经转化为人才的竞争。”

人才的引领，对企业能力的激发是无止境的。对于一个企业来

说，成功至关重要，更重要的是占领竞争的绝对优势。在构筑差异化竞争优势方面，人才发挥着不可替代的作用。

在不同的发展时期，人才对企业的支撑作用不一样。河钢对人才的渴求，正是源于发展模式的转变。当一个企业的发展进入追求质量、产品和创新的时期，才能真正感受到对人才的强烈渴求和人才对企业的强大支撑。

对河钢来讲，人才是最为重要的公共资源之一。人才没有区域的概念，人才是公共资源。用好我们自己的人才，同时更好引用社会资源，包括社会人才，考验的是一个企业的智慧。正如河钢聘任全球冶金领域顶尖专家作为首席科学家，是一个双赢选择——对于首席科学家来讲，河钢拥有的广阔平台，有利于其有所作为并彰显自身的价值；对于河钢来讲，新发展阶段的问题需要依靠先进的理念和技术来解决。

对钢铁企业最实用的人才，就是从钢铁行业成长起来的复合型人才。外部引进的人才，如果缺乏钢铁从业经历或者是对钢铁行业没有全面了解，是不接地气的。我们要大胆起用培养企业自己的人才，他们来自这个企业，对企业有很强烈的情感，更接地气。

“专业人才的市场化和管理人才的年轻化，是河钢在人力资源管理中的两个基础。”

人才的培养和干部的年轻化是企业的未来。在当今信息化高度发展的时代，在企业未来发展过程中，更需要年轻人，需要他们的新思路、他们的朝气、他们的抱负、他们接受新事物的能力。干部年轻化既是企业可持续发展的需要，也是企业在下一轮竞争周期中赢得主动的需要。

河钢要大胆起用年轻的干部，给年轻人才发挥作用搭建平台，在人才培养，包括年轻干部的培养上，一定要有高度，要着眼未来。要持续加大优秀年轻干部的培养和使用力度，不断拓宽年轻干部成长通道，尤其是依托多岗位锻炼等形式，让年轻干部从横向、纵向两方面来拓展视野和增强认识，进一步提升其综合能力水平。要有效调整人才结构，通过对以“70后”为主的后备干部和以“80后”为主的中长期培养对象实行动态管理，有计划地对其进行培训和锻炼，让一大批人才“人尽其才、才尽其用”。

河钢要进一步完善市场化选人用人机制，加大市场化引进人才力度，在技术、营销、重大客户端链接等领域，做到步子再大一点、范围再宽一点，积极引入更多社会人才，让更多年轻化、专业性人才找到自身的发展平台。要逐步推行经理层成员任期制和契约化管理，在具备条件的单位实施职业经理人制度，形成市场化选聘、契约化管理的高端人才引进新机制，全力营造锐意改革、勇于创新的良好生态。

“一个企业要留住人才，就要给他们搭建干事创业的平台，为他们实现梦想提供一个好的环境。”

企业怎样对待人才，人才就怎样回馈企业。当一个人才将“未来”安放在一个企业，意味着他的工作、生活、梦想都寄托给了这个企业。他们以“企业”为起点，追梦、成长、创造价值，企业应该尊重他们的寄托，给予他们“尽展其才”的空间。

我们向人才抛出橄榄枝，不单是将他们引来，更想让他们留下，为企业发展提供持久的智力支撑。相信人才到河钢来，是奔着事业来的，人才给河钢带来了很多东西，河钢不能辜负人才的信任和期待。

营造好人才成长环境，不是一锤子买卖。河钢要为他们搭建好平台、提供更大的舞台，用心营造“不拘一格求人才、不惜一切为人才”的氛围，让高端人才不仅能“引进来”，更能“留得住”。要在人才心里种下“人情味”，解决他们的困难、消除他们的顾虑、支持他们的发展，时时处处替他们着想，让人才与企业同呼吸、共命运，真正聚天下英才而用之。

第七章

文化自信：河钢行，河钢人行

【立足于做最好的自己，这是河钢的“灵魂”。在河钢经历过和正在经历的巨大挑战中，河钢人表现出的责任担当、淡定从容、勇于突破，彰显出河钢的精神底蕴和时代内涵，成为“河钢行、河钢人行”背后的精神和文化支撑。】

只要摆正心态，所有的遇见都是礼物，都是欣喜。

最大的敌人是我们自己，最大的障碍是我们的眼界。如果每个人从『只能看到自己的世界』的局限中跳出来，机会就会如同潮水一般涌来。

当我们对许多先进经验视而不见的时候，不是经验本身没有价值，而是因为我们缺少真正认识和发现其价值的眼光。

经历了就是升华，要坚信『你的坚持终将美好』。

第一节
『先模精神的感召力成为推动企业发展的强大推动力』

■ 河钢要达到新的发展高度，需要有排头兵和领军者。先进人物、优秀青年作为河钢的中坚力量，必须要担当起这份重任，示范引领带动全体河钢人共同进步，让每个河钢人成为时代发展的佼佼者。

■ 河钢塞钢管理团队荣获“时代楷模”称号，带给河钢的不仅是自豪，更是鞭策。河钢人不能辜负这个称号。

■ 企业不同时期有不同的发展主题，但是无论时代怎么进步、企业如何发展，劳模精神需要永远传承。

（一）
时代楷模精神构筑起河钢人的精神高地

“河钢塞钢管理团队是‘一带一路’倡议和国际产能合作的忠实践行者，是参与国际竞争与合作、积极融入全球化发展的先锋模范。”

河钢塞钢管理团队始终牢记习近平总书记的殷殷嘱托，自觉把个人追求融入党和人民的事业之中，扎根异国他乡，勇于担当、忠诚履职，艰苦奋斗、敬业奉献，把发挥中方企业优势和挖掘塞方企业潜力结合起来，使百年老企业扭亏为盈、重获新生，展现了国企员工的责任担当和中国人民的良好形象。

在海外工作中，河钢塞钢管理团队默默作出了巨大的牺牲，无论工作有多艰苦、无论面对什么样的挑战，都从来没有提过困难。他们把工作看作企业的信任，是企业提供的一个平台、一个自身成长和历练的机会，用钢铁般的意志和强大的适应能力，克服语言、生活习惯等障碍，用合法合规的方式行事，积极专注工作，很好地融入了当地，很好地驾驭了企业，成为当地员工的座上宾、家中客，赢得了当地社会广泛的认可和尊重。

河钢塞钢作为境外企业，中方团队人员不仅代表自身，也代表河钢人，更代表中国人。河钢塞钢管理团队越来越自信，也在不断提升自身的站位，他们展现出了河钢人和中国人的风采，这种精神值得我们学习。

“中宣部授予河钢塞钢管理团队‘时代楷模’称号，这不仅是河钢塞钢管理团队和河钢的莫大荣誉，更是整个中国钢铁行业的崇高荣誉。”

“时代楷模”是精神层面和道德层面的荣誉，不同于一般的荣誉。河钢塞钢管理团队荣获“时代楷模”荣誉称号，是一笔无形的宝贵财富，让河钢的发展赢得了社会各界的广泛尊重。河钢要深刻理解河钢塞钢管理团队被授予“时代楷模”称号的重大意义，这是河钢乃至中国钢铁行业的骄傲和自豪。

河钢塞钢管理团队是国企千万员工的优秀代表，他们的崇高精神是国企人精神风貌的集中体现，他们的时代价值是推动国有企业深化改革、转型升级、高质量发展的强大动力。他们的精神和事迹必将激励越来越多的中国企业“走出去”，为践行“一带一路”倡议、共建人类命运共同体，提供更多的中国方案，书写更多的中国故事。

“河钢塞钢管理团队荣获‘时代楷模’称号为河钢注入了一股强大的精神动力，吹响了新的进军号角。”

站在新的起跑线，河钢要成为习近平新时代中国特色社会主义思想的坚定信仰者和忠诚实践者。这是河钢作为大型国有企业最高的政治站位和最远大的理想抱负，也是河钢赢得莫大荣誉之后新的定位和担当。

河钢要以河钢塞钢管理团队荣获“时代楷模”为契机，全面开创高质量发展新局面。要进一步加快自身发展步伐，在国际化发展、新兴产业等领域做表率，全面深化供给侧结构性改革，不断拓展国际化发展布局，积极融入“一带一路”建设和国家发展战略，加快建设最具竞争力钢铁企业。

河钢要向着更高的目标，以更有力的举措，推动河钢塞钢实现新突破。要进一步提高站位、强化担当，把河钢先进技术和先进理念输入河钢塞钢，把河钢塞钢打造成欧洲极具竞争力的钢铁企业，树立中国钢铁企业绿色、创新、可持续发展的良好形象。

河钢人要以更加强烈的责任感和使命感投入工作。河钢每名员工都要像河钢塞钢管理团队一样，把工作看成自身成长的平台，看成自我成长的机会，带着感恩之心投入到工作中。

（二）
为劳模精神注入时代内涵

“河钢的历史是以劳模为代表的全体河钢人共同创造的，先模人物在河钢发展中发挥着重要作用，是企业的宝贵财富。”

河钢恢弘的发展史是广大先模人物光荣的成长史。河钢部分企业从新中国成立前后的艰苦时期艰难起步，经过几十年乃至上百年的建设与打拼，伴随着中国经济的飞速发展日益壮大。这其中无不凝聚着先模人物的聪明才智。

在河钢发展历程中，劳模这个群体的作用是十分巨大的。河钢走出困境、实现自身跨越式发展的重要时期，也是广大干部员工付出最大的一个时期。在这个时期，劳模队伍的作用更加突出。劳模团队作为河钢十万产业工人的缩影，一直在用钢铁般的意志与市场和竞争者进行较量，在平凡的岗位上做出了非凡的业绩，成为河钢响亮的品牌，展现了中国钢铁产业大军先进人物的形象。

河钢的先模人物在不同的岗位上，用他们特有的意志品质和历史传承的精神在作示范、作表率。他们不仅是各个行业的行家里手，也是河钢这支铁军中的标志性人物。劳模不仅仅是一个个鲜活的个人，不仅仅是一个个团队，还是一种精神的承载。他们的意志品质，为企业发展的奉献精神，特别是舍我其谁的勇毅担当、以厂为家的大局意识和不惧困难的顽强作风，形成了河钢独具特色的劳模精神。这种精神恰恰就是河钢不断继往开来，由小到大、由弱到强的精神支柱，让河钢这支铁军，无论在什么环境下，无论是在哪个发展周期，都是一股不可战胜的力量。

以先进人物为代表的全体河钢人，在平凡的岗位上做出了让人为之感动的骄人业绩，展示了钢铁人优秀的品质、崇高的精神，共同构成了河钢这支不辜负总书记嘱托、为国家担当大任的伟大团队。这支伟大的团队在挑战面前自我加压、艰苦付出，使河钢实现了历史性蜕变。

“在未来发展的关键时期，河钢要大力营造有利于劳模脱颖而出的良好环境。广大劳模要不断提高自我标准和要求，为劳模精神注入新内涵。”

河钢先模团队的涌现紧跟社会的发展潮流，体现出时代感和与时俱进，与河钢的战略高度、历史担当相辅相成。随着时代的发展，河钢先模团队越来越年轻化、专业化，覆盖越来越多元化。

随着科技的发展和社会的进步，新时代劳模精神更加多元，更加丰富，更加鲜活，更具时代性，不仅体现为在工作上的吃苦耐劳，更体现在对知识和科技的渴望、对自身在事业中的定位、在专业领域的建树等方方面面。河钢的劳模团队要体现出这种时代感，要有对时代的把握、对时代先进技术的把握和对时代发展理念的认识。每一名劳模都要紧跟时代步伐、把握时代脉搏，深刻解读企业发展现状，成为岗位的行家里手、顶尖人物，成为岗位的领军人物、创新人物，当好员工团队的引领者，争做行业的引领者，为河钢注入善于学习、敢于超越、勇于改变的崭新活力，真正起到排头兵作用。

河钢要积极营造尊重劳动、崇尚劳模的环境和氛围，让每一名劳模都能感觉到光荣、感觉到体面、感觉到受尊重，都能在精神上、物质上得到应有的待遇，都有使不完的劲儿和源源不断的动力。要使劳模精神渗透到每一名河钢人的内心，使劳模形象在河钢人心目中扎根，让我们的劳模队伍不仅是一种精神体现，更是河钢品牌价值的体现，让每一名河钢人都有更加明确的目标和努力的方向。

“劳模是一粒种子，有了土壤之后就能够开花结果。要通过劳模团队的示范引领，影响带动河钢人立足岗位做好本职工作，让劳模精神不断发扬光大。”

大到一个国家，小到一个企业，无论是大发展时期，还是相对困难的时期，我们都深深地体会到，以劳模为代表的先模团队的力量至关重要。他们不仅在各条战线上创造了突出业绩，而且通过弘扬劳模精神对员工团队形成了强大的感召力，已经成为推动企业发展的重要力量。

以马万水精神为代表的劳模精神永远不能成为历史，它是河钢人乃至钢铁工业的一种精神食粮、一种力量、一种传承。马万水精神对我们来讲是永远鲜活的，是永远保鲜的，是经久不息的，一直激励着我们河钢人努力把自己的工作做到最好。这种无形的力量对河钢来说是巨大的财富。

对河钢来讲，劳模精神的传承也是河钢这支团队钢铁意志、钢铁精神的传承。河钢劳模团队不仅继承和发扬了吃苦耐劳、敬业奉献的传统精神，更在河钢发展的新时期让劳模精神得到进一步创新，更加突出担当精神、创新精神和引领精神。劳模团队以任劳任怨、精益求精的精神影响和带动了一批人，形成了河钢人敢于直面挑战的团队精神，推动了河钢的快速发展。

第二节 『铁军精神是河钢最珍贵的财富』

■ 一个团队是需要精神的，一个团队是需要灵魂的，一个团队是需要规则的，一个团队是需要整齐划一的，这是一种力量。一个团队要有意志，意志就是团队的灵魂。

■ 河钢如果有别的企业不可比拟的地方，就是河钢精神。河钢近年来的发展，让每个河钢人都拥有了十足的信心，只要看准的事、想做的事，我们必须要干到最好。这是河钢的底蕴，也是河钢的执行力。

■ 在钢铁工业发展历程中，没有哪一个时期像今天这样，对我们干部员工提出的挑战更多，也没有哪一个时期像今天这样，让我们能够得到如此的锤炼和提升。无论遇到什么困难，都要逢山开路、遇水架桥，决不能妨碍或者动摇我们的信心和决心。

（一）

河钢“铁军”精神是逆境中的攻坚克难、永不放弃

“河钢跨越发展的历程充分证明，只要河钢想干的事，一定会干得很好。这是河钢人自身所具备的强烈使命担当、坚韧执着和强大执行力的精神品质所决定的。”

河钢的发展历程，是奋斗的历程。河钢组建之时恰恰是中国钢铁市场发生深刻变化的时期，是我们应对市场最困难的阶段。凭靠上下同欲、高度统一，凭靠每一个人的艰苦努力，凭靠钢铁人特有的意志和执行力，河钢的步伐越来越稳健，品牌越来越响亮，河钢人越来越自信、越来越坚定。

河钢人根植于钢铁行业、成长于钢铁行业。河钢人立足本职岗位，全身心地投入中国钢铁事业，以钢铁般的意志为中国改革开放、国家建设、社会发展贡献了大量优质的钢铁材料，同千千万万中国钢铁人构成了支撑新中国强壮身躯的钢铁脊梁。

钢铁产业面临的环境压力不断加大，我们对自身工作的标准越来越高，无论面对多大压力和挑战，河钢人从不讲条件、不讲困

难，从不推诿、不气馁，都能以淡定从容应对挑战，以勤奋热情化解困难，并能创造性地开展工作，展现出了强大智慧、取得了卓越成就。

“人无自信，何人信之。”近年来河钢取得的巨大进步，后来居上的态势，越来越受到社会的尊重和行业的认可，这源自河钢的自信和实力，源自这支“铁军”团队所具有的钢铁般的意志和精神。

“改变外部环境，不是靠别人给予，关键是依靠自己的力量。”

一个企业的成功并不源于资源禀赋的优厚，而是源于宏大的目标、扎实的工作、宽广的思维，和一个攻无不克的战斗团队。河钢拥有一支十分优秀的钢铁大军，不仅是特别能战斗，更是具有钢铁般意志和品格，在任何时期都有实力应对挑战。

同一个环境，企业处境不一样，与自身的态度和工作紧密相关。真正改变我们命运的，是我们自己这支团队。河钢这支团队，可能在工作上存在一些短板，在认识高度上存在一定差距，但是我们始终保持很好的精神状态和昂扬向上的斗志，我们充满力量，攻坚克难，战胜自我，实现了一次又一次突破。

河钢的未来掌握在我们每一个人手中。面对挑战，河钢人没有把企业的命运寄托于别人，而是牢牢掌握在自己的手中，把许多的

“不可能”变成了“可能”。面对外部的不利因素，河钢人主动作为，敢于直面问题，在不利中找有利，用更多的信心、办法和措施来有效应对。大家始终保持旺盛斗志，面对困难不气馁，面向未来树立信心，用钢铁般的意志和严格的纪律、创新务实的作风，不折不扣完成各项任务。

（二）
河钢“铁军”精神是重大考验中的大局精神、团结协作

“在巨大挑战面前，河钢十万大军思想统一、步调一致，是一支具有内涵和底蕴的‘铁军’。”

河钢作为一个立志于钢铁报国的大型国有企业，在重大考验中，一方面树立高度的政治责任感，坚持大局意识；另一方面在挑战中寻找机遇，实现优势最大化。河钢无愧于是习近平总书记高度关注的企业，无愧于是中国钢铁行业的“国家队”。

越是困难时期越考验一个团队的凝聚力，越能体现一个团队对企业的包容、支持和热爱。面对艰巨任务，河钢人共同奋斗、精诚协作，全力打好整体战。在转型发展过程中，面对难以想象的困难，河钢人做到了以大局为重，敢于担当，义无反顾，没有一家单

位和集团讨价还价，没有一个班子失去信心，没有一个人和集团讲困难，而是一如既往地胸怀大局，一如既往地团结协作，一如既往地以河钢利益为上。

面对区位调整的巨大挑战，河钢平稳有序实现了四个企业的区位调整和转型升级，书写了中国钢铁工业历史上浓墨重彩的一笔，取得了了不起的成就。事实证明，河钢的管理团队不仅勇于担当、敢于负责，同时还具有高超的智慧和强大的驾驭能力。在积极应对各种挑战的过程中，各级干部队伍自身也收获了成长，如今的河钢管理团队更加具有处变不惊的胸怀、胆识和定力。

河钢的每一个环节、每一个人，都成为发展不可缺少的“螺丝钉”。为了推动河钢的高质量发展，河钢广大员工以强烈的大局意识，承担起这份沉甸甸的责任，付出了艰辛的努力，收获了丰硕的成果，展现了河钢“铁军”的强大凝聚力和担当精神。这是一支有胸怀、有抱负的团队，是一支特别可爱并值得尊重的队伍。

河钢发展的每一个细节都能勾勒出、传达出河钢人的坚定不移、自信和攻坚克难。在河钢这片热土上孕育着中国钢铁工业一个特殊的团队，到过河钢访问的人，无不对河钢有着全新的认知。他们觉得钢铁团队是厚重的，是有灵魂的，是精气神儿极其旺盛的。从他们对钢铁的陌生，对钢铁人是干粗活的定位，到对钢铁有了全新的看法，钢铁人不仅在改变自己，也在改变别人。

“在空前压力面前，河钢各单位集中展现出强烈的大局观和责任感，以及不完成任务决不放弃的执着精神，一次次把不可能变成可能。”

唐钢围绕城市中心区的企业改造和环保建设，不仅改变了厂区环境和企业形象，也改变了传统钢铁企业的经营理念。面对区位调整新的困难挑战和目标任务，这支团队不抱怨、不气馁，勇于善于攻坚克难，以创造性工作打造了代表行业发展水平的“未来工厂”，推动企业实现了更好发展。事实证明，唐钢这支团队不仅勇于担当、敢于负责，也具有高超的智慧和强大的驾驭能力。在重大挑战中不断历练，唐钢人培育出强烈的担当精神、创新能力、自信心，以及与时代同步的魄力，形成了自身独特的基因，更加具有处变不惊的胸怀、胆识和定力。

邯钢拥有一支具有极强敬业精神和高超管理水平的干部员工队伍，无论是在计划经济时代孕育出“邯钢经验”，成为工业战线的一面旗帜，还是在推动产品升级结构调整工作中取得突破，都体现出企业深厚的历史积淀和文化底蕴。邯钢广大干部员工在特殊时期能够和企业保持高度一致，既展示出领导层极其缜密的思维、稳健的工作作风和强大的执行力，也彰显出广大员工与企业息息相连、荣辱与共的情怀。

张宣科技的团队是一支踏实、务实的团队，具有钢铁人的硬朗作风。近年来张宣科技在传统产业中不畏困难和挑战，实现了生产经营的快速提升，转型升级后的企业信心更足、未来感更强、定位更清晰。这不仅体现出张宣科技管理团队的凝聚力与全体员工的胸怀和格局，以及干部员工对企业转型升级重大意义认识的不断深化，同时也彰显出企业厚重的文化底蕴。张宣科技干部员工队伍是有传统、讲政治、肯担当、顾大局的“铁军”。

石钢在相对困难的环境中，全体干部员工没有抱怨、没有放弃，展现出了适应环境、应对困难的强大能力。一支优秀的团队处于一个特殊的历史时期，不仅仅需要能力，更需要持久耐力。石钢在极其困难的情况下，顺势而为保持了自身的健康发展，推进了企业的历史性转折。

河钢塞钢管理团队彰显着胸怀大局、心有大我的家国情怀以及敬业奉献、不懈奋斗的精神境界。他们时刻牢记习近平总书记的嘱托，深知自己代表着河钢，代表着河北，代表着中国，强烈的家国情怀和使命意识，让他们内心充满了拼搏奋斗、干事创业的信心和力量。为了建设好“远方的家”，他们暂别自己的“小家”，努力克服众多难题，用敬业与奉献创造了新的价值，标注了人生新的高度。

（三）

河钢“铁军”精神是转型发展中的与时俱进、勇攀高峰

“在钢铁工业发展新阶段，我们要努力适应环境，做好自身工作，以昂扬的斗志赢得未来。”

对一个好的团队来讲，至关重要的是精神状态和自信心，在顺境时朝气蓬勃，在逆境中斗志昂扬，这样的团队具有成长性。在激烈的竞争中，谁能够及时把自己的状态调整到最好，把自己的实力全部发挥出来，谁就能够夺取最终的胜利。

河钢把挑战看作机遇，这是河钢人的思维方法，也是河钢人保持状态、保持信心的根本所在。无论在哪个时期、哪个阶段，遇到什么困难，承受多大压力，大家都信心百倍地去奋斗、去拼搏。河钢人在对冲挑战中经受住洗礼、得到了升华，发展步伐越来越稳健，真正做到了“经历了就是升华”，彰显出河钢人强大的自信心和实力。

传统的路径已经越来越难走，新的路径大门向我们敞开着。河钢人始终坚信，路在脚下，事在人为。面向未来，最大的敌人是我

们自己，最大的障碍是我们的眼界，要坚信“你的坚持终将美好”。我们要紧跟时代潮流，保持强大的战斗力，创造出更好的业绩。

“要想在行业内达到一定高度、走在前列，需要强烈的创新意识，需要一种闯劲，需要能够打开局面的劲头儿。”

一个团队越是在严苛的环境中竞争，越是更加具有成长性和战斗力。一支优秀的团队不仅仅需要能力，更需要持续耐力。不仅需要毫无怨言、敢于担当，而且需要无穷多的方法。

每一次进步、每一次跨越后，在我们面前又会出现一些新问题，这些问题为我们下一步提升和发展提供了基础。一个总是在解决问题的企业，一个总是在寻求短板的企业，一个总是在自我修正和完善的企业，一定是在成长之中。每一个河钢人，都要少一些四平八稳，少一些固步自封，更多地在改变和突破中发现新机会，善于博采众家之长，借鉴各行业、各企业的成功经验去改造自己、完善自己。

河钢人一定要学习、读懂、跟进大环境变化，不断适应、融入大环境，接受新事物。要从解放思想、提高理念认识、提高站位标准的角度去对待工作。要开动脑筋，突破自我，以干就干到最好的决心实现新提升。要坚定不移，眼睛向内，继续发扬河钢“铁军”思想高度统一、不抱怨、不气馁的风格，踔厉奋发、笃行不怠，以更加积极主动的姿态做好各项工作，推动企业更好发展。

第三节

『员工是企业生存发展之本，善待员工是企业最大的社会责任』

■ 当企业把自身发展与员工利益紧密联系时，企业发展才是可持续的；当员工把自身价值与企业的未来相互结合时，企业才有无穷的动力。

■ 作为领导干部，心中始终要挂着一本员工账，要让员工充分享受企业温暖阳光，要让员工生活得更幸福更有尊严。要始终坚持全心全意依靠员工办企业，为员工搭建更多成长成才平台，致力于让员工享受企业发展成果。

■ 10 万名河钢员工是我人生战场上的亲密战友，赢得一个又一个“战役”的胜利，就必须尊重员工依靠员工。这个理念任何时候在我心里都不会动摇。

（一）

企业最大的竞争力是员工的凝聚力

“员工是企业不可复制的竞争力。”

一个企业只有正确合理地匹配好国家、企业和劳动者三者利益，才有可能调动员工的积极性，才能真正体现出竞争力。

河钢的每一个进步都离不开每个河钢人的辛勤付出，如果说河钢向全社会奏响了一篇篇优美的乐章，那么河钢的每一个人、每一个团队都是其中不可或缺的乐曲。

河钢最大的事就是员工的事，我们在处理员工利益的时候一直秉承的理念就是——员工的事没有小事。我们什么时候都不能忘记员工的辛劳与贡献。企业的发展离不开员工，企业的发展是为了员工。作为企业的领导者，什么时候都要心里装着员工。不论是现在还是今后，河钢都要为员工谋求最大利益，让企业成为员工的家。

河钢要以“建设最具竞争力钢铁企业”的美好愿景，凝聚 10 万名员工的聪明才智，增强新时代河钢人的自豪感、荣誉感，树立

“开放、包容、创新、自强”的理念，创造“业内最佳工作环境”，让员工成为“本地区最受尊敬的企业员工”。

“河钢要让员工感到可信赖、能依托。”

一个企业只有保证健康发展，才有可能保证员工的利益和改善员工的生活物质条件，这是相辅相成的。河钢一直把企业的发展和改善员工的生活条件、根本利益连在一起，无论是市场好的时候还是市场不好的时候，我们都坚持这么做。

尤其是企业在市场发生困难的时候，更不会把经营风险转嫁给员工。如果在市场低迷期采取降薪的手段，或许也能度过危机，但这不是我们的选项。应对危机，决策层要勇于担当，我们有信心，更有办法，企业再困难，也不能掏员工兜里的钱。越是形势困难，企业越是要为员工遮风挡雨，只有全体员工凝心聚力，才能形成战胜困难的强大合力。

河钢改革创新是真正为企业的长远发展负责，为员工长远利益负责。河钢的改革创新绝不是要牺牲员工利益，无论改革的哪个方案、哪种做法，河钢都不会牺牲员工的利益，这一点是很明确的。一个企业无论有多么高大上的名字、搞多么高大上的转型，都不能把员工岗位转没了。任何一个企业转型让员工没了饭碗，都不能说这个企业转型转得好。如果员工没有了工作岗位，我们无法跟员工交代。我们要对得起党，对得起员工。

（二）
员工最大的凝聚力是对企业的认同感

“在重大考验面前，广大员工本着对河钢的信赖和深厚的感情，做到了对企业百分之百支持、百分之百信赖。”

一个企业从关停到新区建设、投产过程中，涉及上万人的跋涉和迁徙，在员工队伍的稳定、客户端对接等方面有很多艰苦细致的工作要做。在这个过程中，河钢人为之付出了太多的努力和辛苦，展现出了从容和稳健，这是一种实力、是一种精神。

河钢的员工队伍是一支能干事、能干成事的队伍，是一支执行力相当强的队伍，是一群最可爱的人，区位调整需要员工长途跋涉到新的岗位，是要适应新的工作环境，并不是每个人都轻而易举愿意接受工作环境的改变。从城区到沿海，每天需要三四小时的路程，谁不是长途跋涉，谁不是拖家带口，但是员工没有怨言。因为他们知道这是企业发展的大局，因为他们相信企业有更好的未来。河钢这支钢铁大军不仅有钢铁般的意志，更有别样的家国情怀。拥有这样的队伍，河钢怎么会没有美好的未来？！

在短短两年内，河钢要实现 5 个钢铁子公司中 4 个企业的整体搬迁，从人员、建设资金、客户端到资产处置，是个庞大的工程。在这两年颇具挑战的区位调整当中，每一个河钢人更具备强大的心理和韧性，以及战胜各种困难的信心。河钢人用胆识和智慧创造性地开展工作，不但没有遭受重创，反而攒足了实力，经历了洗礼，实现了蜕变，开辟了一个更加广阔的未来。

“面对困难，广大员工万众一心、不惧难、不畏苦，成为企业发展的强大支撑力量。”

作为大型国企，河钢起到了为员工遮风挡雨的作用，员工的确也为企业付出了很多。企业对员工的关爱换来了他们对企业的全力支持、对领导干部层的理解，换来了他们加班加点地工作、信心百倍地工作。所以，市场困难的时候，恰恰是河钢发展最快、各项工作和整体竞争力提升最快的时期。

面对突如其来的疫情防控，我们的员工无法正常进出，仅有有限的在岗员工坚守岗位，同时物流大量受限等一系列问题也接踵而至。河钢的广大干部员工展现出了强烈的责任担当、大局意识和以厂为家的奉献精神。有的班组连续在岗位奋战几天几夜，有的同志军大衣一放席地而住，大家没有任何怨言，想的都是怎么稳产保供，在企业需要员工的时候，河钢人是没有一个掉链子的。

很多人在说河钢经历了什么，但是谁又知道河钢收获了什么？现在可以大胆自豪地讲，河钢这支团队在这种历练中展现出的担当和韧性是前所未有的。人和事都是这样，没有严酷的外部环境，你不知道自己能承受多大的压力和挑战。太平日子大家都能过，真正的挑战来自有巨大外部压力的时候。面对挑战，河钢广大员工扛得住压力、做得好工作，取得了一次又一次突破。

（三）
青年是未来事业的传承者

“河钢的未来寄希望于青年，国家和民族工业的未来也寄希望于青年。为年轻人提供良好的成长平台和成长机会，是企业发展的需要，也是国家和民族发展的需要。”

老一辈钢铁人用胆识、魄力和永不懈怠的精神状态，把钢铁由小变大。进入新时代，需要年轻一代的钢铁人用创新的意识、领先的理念和超前的认知，拿出绣花一般精雕细刻的功夫来，把钢铁由大变强。

当前，我国处于经济增长速度的换挡期和经济社会的转型期，对行业人才队伍、团队年龄结构、知识结构提出了更高要求。在钢铁行业生存发展方式的变革期、新秩序的建立期，在河钢创新发展的关键期，特别需要新理念、新思路，需要干劲儿和闯劲儿。

改变旧事物需要解放思想，改变旧路径需要开拓视野，接受新事物需要新思维新思路，这些都和青年人紧紧连在一起。青年人给企业带来的活力是无限的，蕴藏的潜力也是无限的，青年人是河钢当下的生力军。

固步自封、耳目闭塞不利于青年人的成长。河钢的青年团队一定要是开放的，要在开放的环境中实现更好更快的成长。河钢的体量足够大，河钢未来的视野足够远，足够年轻团队去发展、去成长。河钢要给大家提供更开放更公平的成长环境，要有计划地、更多地选用年轻人，要给青年人的成长提供一个“快车道”。

未来，企业的竞争更重要的是青年团队的竞争，青年人的差异化体现出企业竞争的差异化，河钢青年人的成长速度决定着未来河钢的竞争优势。河钢未来能走多远，在于青年团队的竞争力和成长性，特别是在河钢决策层、高管层中青年的参与程度和成长高度。

“河钢青年人要保持和时代发展同步，树立全新的思维理念，立体看待个人、社会、行业之间的关系。”

一个人适应工作、适应环境、适应团队的能力，对个人的成长至关重要。无论是在哪个岗位上、处于哪种环境、在哪类群体中，融入整体的能力和适应环境的能力都是很重要的能力，只有适应才能最大限度地发挥出优势，更加顺利地成长。

对青年人来讲，身处中华民族伟大复兴的大背景下，才有机会能够在这个创造无限可能的平台中锻炼自己、成就自己，获取成功的人生轨迹。广大青年要珍惜当下、珍惜岗位，努力学习更多本领，极大提升敬业精神和职业精神，实现自身价值，在整个青春年轮划过更亮丽的风景线。

河钢青年人要认识到，这样一个信息时代、一个互联网时代、一个第四次工业革命即将到来的时代，给全社会营造了一个更加公平的环境，让每个人的能力和知识结构更新进入了一个快速期，让每个人都站在一个起跑线上，让我们每个人无论出自什么家庭、毕业于什么院校，都有了一个重新开始的机会。新的社会、新的时代更加公平，每个人都没有领先一步的优势，从现在开始才是你真正的优势。

河钢青年人要看清自身与上代人的差异。身处不同历史时期肩负不同使命，上代人生产的产品是满足基本需求和解决空白问题，而现阶段不仅仅是物质的满足，更多的是精神层面的需求，需要在上代人做大“蛋糕”的基础上，把“蛋糕”做得更加精细、更有品位。要进一步加强学习、拓宽思路，用敢为人先的创新精神打破条条框框，特别是要紧跟行业领先的思维方式和商业模式，不断捕捉时代发展的脉搏，把社会层面有价值的资源真正变成自己的资源，进一步提高河钢未来的竞争力。要认真解决自身成长和自身定位的问题，在有限的工作时间内，深入思考未来的事业如何更有高度，如何为企业、行业、社会作贡献，把实现人生价值和企业的平台紧紧连在一起。

第四节

『做最好的自己，在经历中实现升华』

■ 如果仅仅把岗位看成就业的一个点，或者是谋求生存的一个点，那么这个岗位就把人给局限了；如果大家把现有的工作看成一个成就个人价值、展现个人才华的平台，那么这个平台就会无限大。

■ 现代企业之间的竞争不再是“你死我活”，而是更高层次的竞争与合作，追求的不再是“单赢”，而是“双赢”或者“共赢”。

■ 任何一个行业都可以造就一个人辉煌的人生，就看他是否专注，是否把他的激情和热情全部投入到这个行业中。

（一）
经营哲学

“一条路走不下去的时候，是到了该转弯的时候。”

当一个企业举步维艰、很难按照传统路径发展的时候，绝不是这个企业走到了尽头，而是到了需要转变发展模式、开辟新局面的时候。

一件事情的困难，并不仅仅是事情本身有多难，而是思想不到位、方法不到位。思想理念和思维方式的变化，会让相同的工作获得不一样的结果。

企业越是困难的时候，越应该寻求改变。即使在改变当中有不确定性，我们也不能抱着那些没有效果的陈旧做法，在漩涡当中等待。

一个企业只研究当下，就会失去未来。我们要从“每个人只能看到自己的世界”的局限中跳出来，不因为一时的困难而失去未来，在行业重新洗牌的时候占有先机。只有这样，发展的机会才会如同潮水一般涌来。

“在危机中捕捉机遇，不能白白浪费任何一个危机。”

企业发展的不同时期会面临不同的挑战，要用理性的眼光去辩证看待挑战，学会从挑战中发现蕴藏的机遇。在危机中捕捉机遇，考验的是团队的思想高度和创新能力，积极主动寻求自我改变来不断适应外部变化是根本。

一个多数企业陷入极度困难的时期，也必然是一个伟大的企业华丽蜕变、转型升级的机遇。改变往往是在重大机遇期出现的，重大机遇期往往是从人们普遍认为的突如其来的事件中产生的。

遭遇严酷的外部市场的时候，恰恰是企业内部实现重大转机的时候，谁能适应、抓住这个机遇，不再观望、不再迟疑，谁就能脱颖而出。这一切都取决于我们的思维、理念和视野，取决于我们的战略、计划和行动。

当遇到挑战时，河钢的团队总是在挑战中发现机遇，并无限放大效能，实现利益最大化，让企业永远保持旺盛的动力。这是河钢人的思维方法，也是河钢人保持状态、保持信心的根本所在。

“任何一件事，最大的智慧是做到双赢。”

这是一个合作共赢的时代，这是一个资源共享的时代，这是一个优势互补的时代。一个人能与多少人合作就能成就多大的事业，一家企业能与多少企业合作就能成就多大的平台。

共赢是一种格局、胸怀和气度，当一个企业拥有这样的境界和高度的时候，你就会尊重竞争对手，就能够和对方探讨从竞争到合作的可能性，从而实现共赢。

一切的博弈，不只是单纯的竞争，更融入了诸多的合作。有胆识的企业不仅要积极与伙伴合作，也要勇于与竞争对手合作并从中获利。企业之间的竞争与合作，要本着“双赢”的原则，在内部集中优势、整合资源的基础上，努力寻求联合外部力量，借力发展，实现优势互补。只有既敢于竞争又善于合作的企业，只有追求共赢的企业，才能冲破各种藩篱，应对各种风雨和挑战，实现健康稳定可持续发展。

从某种意义上来说，只有“双赢”才是真正的赢。追求“双赢”的哲学思维，让河钢牢牢把握住了自身的命运。我们开展各项工作始终秉承“双赢”的思维理念，本着平等、共赢、协同的理念，赢得地方政府、合作伙伴、协力单位等各方支持，实现互利共赢。也正是因为这样，我们的道路才能走得更宽阔、更长远。

“面对困境，要用放大镜寻找其中的积极因素，从内部挖掘出更多的对冲手段。”

任何一个重大变革和转变，既蕴含着挑战又充满机遇，当感觉不适应时就意味着挑战更多，反之则机遇更多。任何一件事不可能百分之百都是正面的，我们不要无限制地放大这件事给我们带来的负面影响，而要善待发展中的不足，无限放大和珍惜这件事可能给我们带来的好处，那么面对这件事我们就是赢家。

所有的经历都是历练，所有的历练都是提升。发展终究与问题相伴相生，任何一项工作的突破总是和风险相伴，但决不能让风险意识制约住河钢的前进步伐，淡化了干事创业的热情，绝对不能以不干事、不作为来规避风险。我们可以事先把问题估计得更充分、考虑得更全面，积极主动用对冲手段保障企业发展，而不是被困难所阻碍、所吓倒。

危机并不可怕，可怕的是在危机面前失去信心、坐以待毙。面对跨不过去的坎儿、绕不过去的问题，我们要善于在变故中寻找机遇，在变故中无限放大积极因素，通过挖掘优势对冲变故带来的各种不利因素，坚定信心，积极应对，在危机中成为胜利者。

“改革的‘阵痛’，是破茧成蝶的成长之痛。”

企业的发展永远是在解决问题、化解困难中度过的，企业的成长也永远是在接受挑战、承受考验中实现的。

在受到外部影响的情况下，决不能用过去的标准衡量一个新生事物，决不能让理念和思维方式阻碍改革创新的步伐，要坚决消除畏难情绪，打破惯性思维和路径依赖，摒除经验式的因果关系，敢于突破。

一个企业要实现蜕变，一个行业要实现大的变革，没有一个外部环境的推动是实现不了的。任何改革都将涉及利益格局的深度调整，改革也必将会给大多数已经习惯于传统经营方式的人带来“阵痛”。但不改革、不创新，便无路可走。

改变、变革不是什么新名词。但只有当改变、变革真正成为一个企业实际行动的时候，才会在企业内部引发巨大的变化。改革面前的“阵痛”，不过是一种破茧成蝶的成长之痛，是一种凤凰浴火的涅槃之痛，只要我们用发展的眼光看待它，用改革的办法对待它，就一定能够找到顺利化解“阵痛”的良方。

（二）
人生感悟

任何一件事，你怎么看待、用什么视野看待，它就有什么样的使命和功能。

人要时刻保持感恩，感恩时代、感恩社会，让我们每个人都有展示自我价值的机会。要用一颗感恩的心投入工作，以事业之心珍惜现有的岁月和年华，把工作变成实现人生价值的平台。

我们做任何一件事，都必须认真思考要达到的最终目的，要把这种逻辑思维贯穿始终。只有做到心中有数，才能正确评价自我，既不能妄自菲薄，也不能盲目乐观。

拥有财富是阶段性的，拥有能力是可持续的。如果一个人具备自我革新、浴火重生的能力与品质，就能不断战胜艰难险阻，不断战胜自我，收获超越财富的成长能力和创新能力。

“来说是非者，便是是非人”，一个想法纯粹的人，才能把工作干好。

一个人受到尊重，不是靠乞求得来的，而是靠自身价值得来的。我们是否受到尊重，是否被人高看，必须靠实力说话。

有压力的人，才是有责任的人，有担当的人。人要学会承担，承担家庭责任，承担工作责任，承担社会责任。有承担，就有压力；有压力，就有动力；有动力，才能够不断提升自己。

只有当我们拥有了更高的目标，才会为实现这个目标进行自我动员和路径选择。当一个人没有退路时，必须要大胆地往前走，抬起头就会发现前面拥有一片开阔地。

当我们对许多先进经验视而不见的时候，不是经验本身没有价值，而是因为我们缺少真正认识和发现其价值的眼光。

一个人只要摆正心态，所有的遇见都是礼物，都是欣喜。

其实人生就是这样，当我们说我们付出了很多、作出很大贡献的时候，必须要知道，其实这是成就了自己。人生轨迹短短，如果我们真的能够在波澜壮阔的历史洪流当中，在中华民族伟大复兴的大背景下，在热火朝天的改革年代，干出一番事业，也是人生的不遗憾。